Die

Militärvorlage von 1892

und

der preußische Verfassungskonflikt

von 1862 bis 1866

von

Rudolf von Gneist.

Springer-Verlag Berlin Heidelberg GmbH 1893

ISBN 978-3-662-32347-2 ISBN 978-3-662-33174-3 (eBook)
DOI 10.1007/978-3-662-33174-3

Inhaltsverzeichnis.

I.

Die höhere Bestimmung der Konflikte im Staatsleben.

Wer hätte nicht in Erinnerung die gewaltigen Erschütterungen, unter welchen sich in den Großstaaten Europa's der Übergang aus einer Grundverfassung in eine andere vollzogen hat. Noch näher läge uns eine Erinnerung an die Konvulsionen, unter welchen sich in den Mittelstaaten Deutschlands die Entstehung der konstitutionellen Verfassungen vollzogen hat. Die Erinnerung daran ist indessen schon unverhältnismäßig verblichen, und der Sturm im Glase bei der Entstehung einer Verfassung in den deutschen Kleinstaaten schon gänzlich vergessen.

Eines verdanken wir aber in Deutschland dem tiefbewegten letzten halben Jahrhundert. Es ist die Einsicht in das Wesen der Gesellschaft, welche den Politikern und Rechtsverständigen unserer früheren Generationen noch so wenig verständlich war. Wir wissen heute, welche schweren Hindernisse aus der animalischen Natur des Menschen durch die Verschiedenheit des Geschlechts, des Alters, der Rassen, der Anlagen für die Gleichheitsidee der Völker erwachsen. Wir wissen heute, wie das unabsehbare Maß der Bedürfnisse die Gesellschaft im engeren Sinne bildet, jene Gliederung der Völker nach dem Erwerb und Besitz der äußeren Güter der Natur und der dienenden Kräfte ihrer Mitmenschen, wie diese Gliederung in jedem Volk schon in einer gegebenen Generation feste, fast unbewegliche Schichten bildet, die sich in die weiteren Generationen fortsetzen, und in welchen die Abhängigkeit des Nichtbesitzes vom Besitz immer stärker zu wachsen scheint. Wir wissen heute, wie dadurch das Element der Unfreiheit unabänderlich in das Leben des Staates hineintritt, wie auch das edelste, berechtigtste Bestreben des Menschen nach einer besseren Stellung in der Gesellschaft nicht zu verwirklichen ist ohne andere von sich abhängig zu machen, wie statt des Traums einer Harmonie der Interessen ein stetiger Widerstreit und Kampf der Interessen das wirkliche Leben der Gesellschaft bildet. Ob diese Frucht von dem Baume der Erkenntnis zu der Gewißheit führt, daß die sittliche Entwicklung der Menschheit in einem stetigen Fortschritte begriffen sei, kann man mit Ranke in Zweifel ziehen: aber gewiß ist, daß die stetige Überwindung dieser Hindernisse in der Bestimmung der Menschheit liegt, und daß in eben dieser Überwindung ihr sittlicher Fortschritt besteht.

Die andere Seite des menschlichen Wesens, seine sittlich vernünftige Natur, hat den Menschen ausgestattet mit seinem Gottesbewußtsein, mit dem Bewußtsein sittlicher Pflichten. Sein Gewissen sagt ihm, daß er von Gott geschaffen ist nicht allein um seines Wohles willen, sondern auch für seine Mitmenschen, und wenn er dies Gewissen zu verleugnen sucht, er durch die schweren Katastrophen des Lebens zur Besinnung kommt. — Die Natur hat diese Grundlage der sittlichen Idee in den Menschen gelegt, zunächst in der unvertilgbaren Liebe zu Weib und Kind, vor welcher jede Interessenfrage schwindet. Dies Gefühl der Liebe erweitert sich in dem Verbande des Familienlebens zum Zusammenhang der Sippe, und ersetzt in dem patriarchalischen Regiment des obersten Familienhauptes den den Nomadenvölkern noch fehlenden „Staat.“ Das Bewußtsein dieser gegenseitigen Pflichten begründet den religiösen Verband der Völkerschaft, fundiert in der späteren Niederlassung der Völker die Institution der Kirche mit ihrer Pflege der Lehre, der Seelsorge, des Wohlthuns.

Mit der festen Niederlassung der wandernden Stämme, mit Ackerbau und festem Wohnsitz entwickelt sich dann weiter die

Liebe zu Haus, Heimat und Vaterland. Je enger die angesiedelte Sippe sich abschließt, desto unvermeidlicher entstehen aber die Konflikte mit den Außenstehenden (hostes). Die willkürliche Gewaltthat wird erwidert, und aus der unendlichen Kette von Fehde, Rache und Gegenrache entsteht das sittliche Bewußtsein von der Notwendigkeit der Selbstbeschränkung gegenüber dem Rechtskreise auch der Nichtgenossen. Es ist das Sittengebot, das sich in seiner Richtung nach außen zum Rechtssinn gestaltet und jenes Gewohnheitsrecht bildet, welches Jahrhunderte hindurch in dem Leben der germanischen Völker eine so hervorragende Rolle spielt. Die historische Schule hat sich, ehe ihr das Wesen der Gesellschaft klar geworden war, vergeblich abgemüht, den Hergang zu beschreiben, in welchem sich ein Gewohnheitsrecht stillschweigend gestalte (ähnlich der Sprache) unter Mitwirkung von Männern und Frauen, selbst minderjährigen, aber nicht gerade aller Männer und Frauen &c. &c. Das Gewohnheitsrecht ist, einfach ausgesprochen, die Bildung des Rechts aus dem Rechtssinn der Gesellschaft. Dieser Rechtssinn aber kommt zum Bewußtsein durch die Konsequenzen und Konflikte, in welche das gesellschaftliche Leben durch das „wie du mir, so ich dir" unabweisbar gerät. Der Charakter des Menschen beruht auf der gewohnheitsmäßigen Sicherheit der Entscheidung in der täglich wiederkehrenden Kollision seiner Interessen und seiner Pflichten. Im schlichten Sinn des Bauern wird daraus die Lebensregel: „was du nicht willst, das man dir thu, das füg auch keinem andern zu." In den ebenso schlichten Worten des Königsberger Philosophen ist daraus die Grundregel des sogenannten Naturrechts geworden. In der christlichen Lehre war es das Gebot: „liebe deinen Nächsten wie dich selbst" im Paulinischen Sinn. Schon in der vorchristlichen Zeit aber hat auch die griechische Philosophie durch Aristoteles ausgesprochen: „Es mag eher eine Stadt ohne ein Haus, als ein Staat bestehen ohne den Glauben an die Götter." Und jene ursprüngliche Identität des Sittengesetzes mit dem Rechtsgesetz für das äußere Handeln des Menschen spricht schon der größte der Juristen aus: quae facta laedunt pietatem, existimationem, verecundiam nostram et, ut generaliter dixerim, contra bonos mores fiunt, nec facere nos posse credendum est. (Papinianus.) Noch in der sinkenden römischen Zeit war sich der Großmeister des Rechts bewußt, daß die hohen Rechtsanlagen seines Volkes aus dem tiefen religiösen Sinn der Nation in ihrer Blütezeit hervorgegangen waren.[1])

Und so wird es sich auch verhalten mit dem anerkannten Rechtssinne unserer deutschen Nation in seiner Entstehung. Rückwärts schauend werden wir heute wohl uns überzeugen, wie unendlich schwer in unserem Jahrhundert eine Repräsentativverfassung in Preußen entstehen konnte bei der völligen Ungleichheit der gesellschaftlichen Unterlagen im Osten und Westen, im Norden und Süden dieses so spät zusammengefügten Staatskörpers, und welche unlösbare Aufgabe sich Deutschland gestellt hatte, aus der alten Trias: Österreich, Preußen und „Reich“ eine deutsche Verfassung zu bilden nach dem Muster von Einheitsstaaten, die im Westen auf einem nivellierten Boden gleichmäßiger Steuer- und Munizipalverfassungen gestaltet waren. Rückwärts schauend werden wir uns heute wohl erklären können, wie die besten Männer der Zeit, Hardenberg u. A., noch vollkommen unklar über das Verhältnis der ständischen und der neu entstehenden staatsbürgerlichen Gesellschaft, selbst noch unklar über das Ein- oder Zweikammersystem, nur unfertige Projekte einer allgemeinen Landesvertretung zu tage fördern konnten. Wie der Freiherr vom Stein niemals zu einem zusammenhängenden Plan einer Reichsverfassung gelangt ist, wie damals eine Verfassung, welche für die Rheinprovinz allenfalls möglich, für den östlichen Agrikulturstaat völlig unmöglich war.

Wir werden in einem zweiten Menschenalter nun auch wohl die Schwere der Aufgabe gerechter würdigen, welche seit den Märztagen 1848 den geistigen Leitern der Nation zufiel in einer Lage, in welcher Friedrich Wilhelm von seinem vereinigten Landtage in Zorn geschieden, die deutsche Bundesverfassung an der Mißachtung der Nation zusammengebrochen war, die Massen der arbeitenden Klasse durch die französische „Februarrevolution“ in Bewegung gesetzt waren. Es war nur eben der Gang, welchen alle Bewegungen zwischen Staat und Gesellschaft genommen haben. Eine Nation, deren Schicksale ein volles Menschenalter hindurch nur durch dynastische Interessen geregelt waren ohne Rücksicht auf die Rechte und Interessen des Volkes, eine solche Gesellschaft glaubte jetzt ihre Verfassung ohne Rücksicht auf die Dynastien nach den Vorstellungen der Volkssouveränetät selbst gestalten zu können.

Und doch wie gewaltig verschieden stellen sich die Verirrungen dieser Zeit dar, verglichen mit den Versuchen anderer Nationen in dem Stadium einer von der Leitung der Staatsgewalt entbundenen Gesellschaft. Ein Menschenalter später war ein deutscher Geschichtschreiber doch schon zu dem Urteil gelangt: „Wenn wir die Männer mustern, welche ein unerfahrenes, lange mißhandeltes Volk in Augenblicken fieberischer Aufregung zu seinen Vertretern kürte, werden wir mit einigem Stolze finden: dieser Reichstag ragte hoch hinaus über alle anderen konstituierenden Versammlungen, welche der Weltteil in diesen stürmischen Monden sah; er spiegelte getreulich wieder das Talent und die Tugend unseres Volkes dergestalt, daß Dahlmann, der Cato des Parlaments, mit seiner uneigennützigen Vaterlandsliebe unter so vielen wackeren Männern aller Parteien kaum noch auffiel“, — welch gewaltiger Unterschied zwischen den gewissenhaft erwogenen sogenannten Grundrechten und der déclaration des droits de l'homme, welches Maß politischer Einsicht in dem Aufbau des in Gliederstaaten geordneten Gesamtstaates!

Und in mancher Richtung erscheinen noch höher die Leistungen der preußischen Nationalversammlung auf dem günstigen Boden einer staatlich geschulten, durch die allgemeine Wehrpflicht disziplinierten Gesellschaft.

Die beispiellos schwierige Aufgabe, welche gerade dieses Staatsgebilde zu überwinden hatte, um eine einheitliche Repräsentation zu schaffen, in der sich der Rheinländer und der Litthauer, der alte Agrikulturstaat mit seinen festen Besitzschichtungen, die moderne Erwerbsgesellschaft mit ihren neu entstehenden Klassengegensätzen, die Freihandelsinteressen der Küstenländer mit den Protektionsinteressen größerer Fabrikdistrikte vereinigen sollten, haben gerade in Preußen einen erbitterten Gegensatz politischer Parteien hervorgerufen, wie er in den Mittel- und Kleinstaaten, in Ermangelung so tiefgehender Gegensätze, nicht entstehen konnte, und wie er noch heute die Bildung extremer Parteien ungemein fördert.

Wenn wir den Grundbau des deutschen Staats: „Die Regierungsgewalt als Quelle, das Gericht als Schranke, das Gesetz als höchsten Regulator der Staatsthätigkeit“ zum Maßstab nehmen, so finden wir in dem Verfassungsentwurf der Nationalversammlung alle diese Grundzüge wieder, zum Teil in klassischer Weise des Ausdrucks, nur durchbrochen durch einzelne Sätze, welche der Gedankenreihe der Volkssouveränetät und westlichen Mustern entlehnt sind. In dem Zustande der höchsten Aufregung aller gesellschaftlichen Ansprüche hat die Kommission der preußischen Nationalversammlung auch aus den Ideen eines allgemeinen gleichen Wahlrechts heraus keinen Augenblick angestanden, die erbliche Monarchie in allen ihren Ehren und Würden anzuerkennen, der Krone ihre dauernde, von jeder Bewilligung unabhängige Dotation zuzusichern, alle hergebrachten Regierungsrechte der deutschen Monarchie ausdrücklich zu gewährleisten. Sie hat den Rechtsschutz der Unterthanen durch die hergebrachte deutsche Gerichtsverfassung in so würdiger Weise anerkannt, daß das deutsche Gerichtsverfassungsgesetz diese Verfassungsartikel im Wesentlichen nur wiederholen konnte. Sie hat die Autorität der Gesetze als Verordnungen des Königs mit Zustimmung der Kammern der Sache nach richtig formuliert u. s. w. Ein Jahr später fand die Revision dieser Verfassung durch eine konservative und eine konstitutionelle Mittelpartei gar wenig daran zu ändern, und ein Menschenalter später wird man wohl unbefangener den frivolen Hochmut beurteilen, der die beschworene Verfassungsurkunde als Charte Waldeck zu bezeichnen pflegte, und die pastorale Eloquenz würdigen, die in diesen Verfassungsgrundsätzen nur eitel Gottlosigkeit und Abfall von der monarchischen Treue zu finden glaubte.

Aber leicht war es nicht, die unendliche Mannigfaltigkeit des deutschen Kommunallebens in Land und Stadt, die tief in einander geschobenen Elemente der altständischen und der neuen freien Erwerbsgesellschaft, den Zwiespalt der kirchlichen Systeme in einem konstitutionellen Staat friedlich zu vereinigen. Länger als ein halbes Menschenalter dauerten auch unter der beschworenen Verfassung heftige Stöße und Gegenstöße, Ideen von der Wiederaufhebung dieser Verfassung (in den nächsten Umgebungen des Königs) in Zuständen fort, in welchen unverkennbar das Parteiwesen in Preußen sich heftiger und intransigenter entwickelte als in den Mittel- und Kleinstaaten. Hier stand die stärkste Macht der Monarchie mit ihrem wohl geschulten, tüchtigen Beamtentum gegenüber einer zur Zeit noch zwiespältigen Gesellschaft, die in der zweiten Kammer die moderne Gesellschaft, in der ersten Kammer die ständische Gesellschaft darstellte, in schwerem Hader unter sich, aber in gleich weit gehenden Ansprüchen auf eine Teilnahme an der Staatsregierung. Hier konnte sich nur auf dem Wege aller Rechtsbildungen, aus scharfen Konflikten, langsam eine neue Harmonie des Staatswesens herausbilden. Die schärfsten Kanten aber bot dieser Gegensatz dar einerseits in der Gewöhnung der Monarchie an eine persönliche Regierung, unter Beirat ihres Beamtentums, andererseits in den gesellschaftlichen Ansprüchen einer Volksvertretung auf ein parlamentarisches Regiment nach französischem und nach einem (teilweis mißverstandenen) englischen Vorbilde. Der Verlauf dieses Konfliktes erscheint in einem sechsjährigen Streit über die Heeresorganisation in Preußen und ihren endlichen Lösungen.[2])

II.

Die bindende Kraft der Gesetze.

Bei dem Übergange aus der absoluten in die konstitutionelle Monarchie eröffnet sich von Seiten des Herrschers die Aussicht auf Konflikte durch das neue Verhältnis, in das die gesetzgebende Gewalt des Monarchen sich versetzt sieht. Es ist keine leichte Zumutung für einen Monarchen, dessen öffentliche Erlasse bisher als die Gesetze des Landes befolgt wurden, der sich bisher beim Erlaß der Gesetze nur von seinen getreuen Staatsdienern umgeben sah, diese höchste Gewalt an die Zustimmung einer selbständigen Landesvertretung gebunden zu sehen.

Das hier obwaltende Verhältnis hat eine tausendjährige Geschichte, die hier nur in kurzen Zügen skizziert werden kann, die uns aber näher angeht, als unsere Politiker zu glauben geneigt sind. Weit tiefer als man glaubt liegt diesen Verhältnissen noch heute ein Ideenkreis des Mittelalters zu Grunde, welcher bis auf das Kaisertum Karls des Großen zurückreicht.

Die großen Völkerverbände germanischer Nationalität ließen sich mit der romanischen Bevölkerung des Reiches nur durch eine diktatorische Gewalt zu einem friedlichen Staatswesen verbinden. Es verwirklichte sich das durch die Idee einer Übertragung des imperium mundi von dem römischen Kaiserstaat auf den westlichen Universalstaat, eine Lehre, welche von der römischen Kirche verkündet und zur Geltung gebracht wurde, die eben in dieser Stellung die höchste Gewalt über die Christenheit mit dem Kaisertum teilte. Die anordnende Gewalt in weltlichen Dingen mußte sich daher in dem Kaisertum vereinigen. Zur Geltendmachung derselben diente der schon aus den germanischen Verfassungen erwachsene Königsbann, die Sanktion der königlichen Befehle unter Androhung schwerer Buße. Die Befugnis der Anordnung im einzelnen enthält von selbst das Recht der Anordnung für Fälle gleicher Art; in der Regierungsgewalt ist daher das Verordnungsrecht von selbst enthalten, für welches man besondere Entstehungsgründe immer vergeblich suchen wird. Vermöge dieser Ordnungsgewalt hat Karl der Große Heer, Gericht, Friedensbewahrung und die Amtsbefugnisse der königlichen Amts-Herzoge, Grafen und Amtmänner selbständig geordnet durch Erlasse, die von den Berufsbeamten der Zeit (den clerici) in lateinischer Geschäftssprache redigiert, die große Sammlung der Kapitularien bilden. Erst im gegenwärtigen Jahrhundert hat man voll gewürdigt, daß die Masse dieser Kapitularien nur einseitige Verordnungen sind, zu deren Erlaß die Zustimmung des Volkes oder der hervorragenden Männer des Volkes nicht erforderlich war. Denn die ehemaligen Volksversammlungen der kleineren Stämme waren schon in den großen Völkerverbänden zur Unmöglichkeit geworden, in dem großen karolingischen Reich geradezu undenkbar. So entsteht hier ein umfassendes Verwaltungsrecht für die Regelung aller weltlichen Thätigkeit des Staates aus kaiserlicher Machtvollkommenheit, ein Verwaltungsrecht noch mit sehr weitgespannten Maßbestimmungen, welche den Beamten große Machtbefugnisse offen ließen, die sich in der allmählichen Herabdrückung der kleinen Gemeinfreien von Jahrhundert zu Jahrhundert fühlbar machen.

Eine Schranke dieser Machtvollkommenheiten lag aber in dem hergebrachten Gewohnheitsrecht, welches im Laufe der Jahrhunderte sich in den Verbänden der freien Germanen gebildet hatte. Für die Beziehungen von Mein und Dein, für die strafrechtliche Genugthuung, für die Besetzung des darüber rechtsprechenden Gerichtes hat die königliche Machtvollkommenheit keine bindenden Vorschriften zu erlassen. Die Wahrung dieses Rechtskreises ist das Erbteil der alten Verfassung, das Geburtsrecht des freien Mannes, anvertraut der Rechtsprechung freier Volksgenossen.

Erscheint aber eine Abänderung dieser Rechtsnormen im Laufe der Zeit als notwendig, so bedarf es dazu der Zustimmung des Volkes, d. h. der Zustimmung von Notablenversammlungen, welche jetzt die alten kleineren Volksversammlungen ersetzen müssen. Solche Verordnungen erscheinen daher als mit ausdrücklicher Zustimmung eines concilium optimatum, als capitularia pro lege tenenda, wir würden sagen Verordnungen mit Gesetzeskraft, d. h. mit der Kraft, auch das Landesrecht zu ändern, als ein höchster Regulator des Staatswillens.

Dies Verhältnis ist auf die deutschen Könige übergegangen, später die römischen Kaiser deutscher Nation. Sie üben daher noch Jahrhunderte lang ein Verordnungsrecht aus königlicher Machtvollkommenheit. Die Stellung dieser Monarchen war aber nicht mehr die Machtstellung der Karolinger. Sie schwächt sich nach dem Aussterben des alten Herrschergeschlechts schon durch den unvermeidlichen Wechsel der Dynastien, durch den langsamen Übergang in ein Wahlkaisertum. Zu allen wichtigeren Verordnungen über Heer, Gericht und Kirche sieht sich das Kaisertum auf den guten Willen und die Zustimmung seiner Prälaten, seiner kriegsmächtigen Vasallen und später auch der Reichsstädte verwiesen. Das kaiserliche Verordnungsrecht ist zwar bis zu Ende des deutschen Reichs prinzipiell als fortdauernd anerkannt, es schwindet aber dem Umfang nach auf minimale Verhältnisse ein. Alle wichtigeren Normen des Verwaltungsrechts sind von der Reichsgesetzgebung überwachsen und präokkupiert. Daß diese Reichsgesetze, einmal erlassen mit Zustimmung der Stände, auch für den Kaiser bindend sind, das hat sich im Laufe der nachkarolingischen Zeit in hundert Konflikten durchgesetzt. Die Kaiser, die ihre hohe Würde mit kaum einer Ausnahme erst im Kampfe mit kriegsmächtigen Parteien durchsetzen und aufrecht erhalten mußten, konnten nicht daran denken, einmal vereinbarte Satzungen einseitig zurückzunehmen. Ihre Verpflichtung auf die Gesetze wird sogar zu einem Teile ihres Krönungseides, ein Teil der späteren Wahlkapitulationen, und die Versuche widersprechender Anordnungen aus eigener Machtvollkommenheit, wie sie unter Karl V. vorkommen, sind durch die Macht der Reichsstände bald genug in der Hauptsache rückgängig geworden. Die zweiseitig bindende Kraft der Reichsgesetze hat sich stillschweigend, aber als unzweifelhaft festgestellt.

Dies Verhältnis kaiserlicher Verordnungen zu den Gesetzen mit Zustimmung der Stände ist dann allmählich übergegangen auf die deutschen Landesherren. Sie üben die Macht der hohen Obrigkeit kraft kaiserlicher Verleihung und mit den Zwangsmitteln der germanischen Obrigkeit kraft des Herzogs-, Grafen-, Schultheißenbanns. Darin liegt selbstverständlich auch ein Verordnungsrecht für die Regelung von Heer, Gericht und Friedensbewahrung. Dafür besteht ebenso selbstverständlich die Schranke durch das Gericht, vermöge deren die Verordnungsgewalt an dem hergebrachten Volksrecht, lex terrae, seine Grenze findet. Als sich etwas später das Bedürfnis einer Änderung des Landesrechts auch in diesen engeren Gebieten herausstellt, erkennt der Reichstag zu Worms 1253 ausdrücklich an, daß die domini neue Justizgesetze consensu optimatum vel meliorum terrae erlassen können, ohne diese Zustimmung nicht. Es wurden nun bei dem verhältnismäßig seltenen Erlaß der Justizgesetze Notablenversammlungen nach Ermessen des Landesherrn berufen und zu Rat gezogen, — ein Verfahren, welches auch in England in dem Übergangszustande bis zur Entstehung der Parlamente eintrat, und die Epochen der sogenannten assisae bildet.

Für den Erlaß von Landesverordnungen über andere Gebiete der Verwaltung sahen sich die Landesherren längere Zeit weniger beschränkt als das Kaisertum. Als aber im 14. und 15. Jahrhundert die besitzmächtigen und waffenfähigen Klassen ihres Territoriums sich als Landstände vereinigten, kamen sie in eine analoge Situation, wie das Kaisertum im Reich. Wichtige Änderungen in der obrigkeitlichen Verwaltung erweisen sich allmählich als unausführbar ohne den guten Willen und die Zustimmung der getreuen Stände. Es beginnt darüber eine Verständigung mit Prälaten, Rittern und Städten, anfangs in Vertragsform, dann in Gesetzesform, und es beginnt eine Methode der Gesetzgebung, die für die Justizgesetze nach altem Grundsatz notwendig, für Verwaltungsgesetze nach Umständen eintrat. Die

Übersicht der landständischen Rechte, ihrer Beteiligung namentlich an der Gesetzgebung, so wie sie uns Moser hinterlassen hat, ergiebt, daß es in jedem Territorium damit anders stand, es hing überall von den Interessen und den Machtstellungen der Prälaten, Ritter und Städte ab, bei welchen Materien sie ihre Zustimmung durchsetzen konnten, welche andere Materien sie dem einseitigen Verordnungsrecht des Landesherrn überlassen mußten oder wollten. Eine rechtliche Begrenzung von Gesetz und Verordnung ist im Gebiet der Verwaltung in Deutschland keiner Zeit festzustellen.

Sobald nun aber die Verordnungen mit Zustimmung der Stände einmal in Gang gekommen, entstand natürlich auch hier die Frage nach der zweiseitig bindenden Kraft der Gesetze. Die Landesherren, welche anfangs nur aus gutem Willen ihre getreuen Stände befragt hatten, haben natürlich längere Zeit hindurch ihr Verordnungsrecht dadurch nicht beschränken wollen. Die Stände andererseits, welche ihre Mitwirkung oft genug durch Waffengewalt zu erzwingen wußten, sahen es ebenso natürlich wie einen Vertragsbruch und eine Verletzung ihrer Rechte an (als Grund zur Fehde), wenn der Landesherr früher vereinbarten Gesetzen Widersprechendes anordnete. So erscheint Deutschland vorzugsweise als das Land der unzähligen Konflikte, in denen die Stände vermöge ihres Fehderechtes bald die bindende Kraft früherer Satzungen, bald die Errichtung neuer Satzungen zu erzwingen pflegten, nicht selten bis zur Verjagung ihrer Herzoge schreitend, um aber doch schließlich wieder zu einem friedlichen Abschluß zu gelangen. Wie einst in der Bildung des alten Volksrechts im Gebiet des Privat- und Strafrechts, so hat sich hier im Gebiet des Verwaltungsrechts aus unzähligen Konflikten das Bewußtsein der notwendigen Selbstbeschränkung, die Anerkennung der zweiseitig bindenden Kraft der Gesetze herausgearbeitet, und damit ein Grundzug der landesherrlichen Gewalt in Deutschland, der mehr als alles andere zur Ehre und zur Erhaltung des monarchischen Prinzips gewirkt hat.

Klarer als in der verworrenen Geschichte der deutschen Territorien tritt diese Gestaltung des öffentlichen Rechts hervor in der national verwandten Staatsentwicklung Englands. Als dort ungefähr gleichzeitig mit der karolingischen Monarchie die kleinen Königreiche zu einem Gesamtstaat vereinigt waren, trat nicht sowohl durch Übertragung vom Continent als durch das gleiche Bedürfnis eine diktatorische Gewalt des Königtums hervor, welches sich anfangs seiner Notablenversammlungen (concilia optimatum) nur als Beirat für Justizgesetze und wichtige Verwaltungsmaßregeln bedient hat. Infolge der Schwäche der Dynastie und der wachsenden Waffengewalt der Optimaten wird dies Königtum aber so herabgedrückt, daß der angelsächsische Staat der normannischen Eroberung unterliegt. Die Eroberung hat diesem Staatswesen eine insular abgeschlossene Gestalt gegeben. Das normannische Königtum ist durch den Zwiespalt des erobernden Stammes und der angelsächsischen Bevölkerung wieder zu einer diktatorischen Gewalt gelangt, welche durch Verordnungsrecht alle wichtigeren Angelegenheiten des Reiches ordnet, und nur für Justizgesetze die Form einer Zustimmung eines concilium optimatum mehr dem Scheine nach beibehält. Allein die waffenmächtigen Klassen machen sich auch hier allmählich geltend seit Versöhnung der Nationalitäten. Schon in der Magna charta (1215) erheben sie sich gegen den Druck eines tyrannisch schaltenden Königtums, und unter den bald darauf folgenden Wirren der langen Regierung Heinrichs III. gewinnen die Prälaten und Barone schon eine ähnliche Stellung wie in den großen deutschen Territorien Ritter, Prälaten und Städte durch bewaffneten Widerstand, und durch die immer notwendiger werdenden Geldbewilligungen zur Ergänzung der königlichen Revenue. Als Gegengewicht gegen die einseitige Machtstellung der Magnaten und zur reichlichen Ergänzung der Geldbewilligungen werden seit Eduard I. Prälaten, Barone und überzahlreiche Flecken zu beratenden Versammlungen berufen, in denen die Städte anfangs nur als Organe zur Verständigung über Subsidien gedacht sind und daher in einer verhältnismäßigen

Überzahl berufen werden. Unter Eduard I., II., III. konstituiert sich diese neue Körperschaft analog der Inkorporation der Prälaten, Ritterschaft und Städte in den größeren deutschen Territorien. Abgesehen von den Justizgesetzen sieht sich das Königtum immer häufiger auf den guten Willen und die Zustimmung seiner getreuen Stände angewiesen. Bei jenen Berufungen unter den drei Eduarden hatte das Königtum ursprünglich nur eine beratende Versammlung gemeint, wie denn auch in den Formen und offiziellen Bezeichnungen das Parlament nur ein Summum Concilium Regis geblieben ist. Aber die besitzenden, insbesondere die streitbaren Elemente der Gesellschaft machen sich hier wie dort als notwendig zu berücksichtigende Machtverhältnisse geltend. Während nach alter Tradition die Mitwirkung eines concilium optimatum nur für Justizgesetze notwendig, beansprucht die neugestaltete Körperschaft ihre Zustimmung immer mehr bei den wichtigeren Anordnungen des Reichs, die hier um so unabweisbarer wurden, als Ritter, Bürger und Freisassen in den Grafschaften und Städten ohne ständische Scheidung zu innerlich gefestigten Wahlverbänden wurden, die allmählich den großen Rat der Prälaten und Barone und zuletzt auch die aktuelle Macht des Königtums überflügelt haben. Nicht die Verfassungsurkunde, sondern die Machtverhältnisse und die innere Einigkeit haben dort wie in Deutschland aus den beratenden Versammlungen beschließende Versammlungen gemacht.

Das Geldbewilligungsrecht wurde allerdings wie in Deutschland eine Haupthandhabe für eine erweiterte Mitwirkung der Parlamente. Sie beanspruchten immer mehr ihre Zustimmung zu *wichtigeren Verordnungen, durch welche dauernde* Einrichtungen des Landes oder neue Belastungen der Unterthanen geschaffen werden sollten. Eine feste Grenze zwischen dem Gesetz mit Zustimmung und einer Verordnung ohne *Zustimmung des Parlaments* hat im englischen Verwaltungsrecht ebenso wie im deutschen Verwaltungsrecht niemals bestanden.[3]) Hier wie dort *beanspruchten die Stände* ihre Zustimmung zu allem, was ihre nächsten Interessen anging. Nur gestalteten sich diese

Interessen in England anders, da das Unterhaus keinen gesonderten Ritter-, Bürger- und Bauernstand kannte, sondern die communae als einheitliche Körperschaften vertrat.

Aus diesem Hergange erklärt es sich, daß eine längere Zeit hindurch eine Unklarheit über die Wirkung der Parlamentsgesetze gewaltet hat. Das Königtum sah sich noch längere Zeit hindurch als berechtigt an, solche Verordnungen aus eigner Machtvollkommenheit zu deklarieren, zu ändern, aufzuheben. War doch der König die ordnende Gewalt im Staat, das Parlament nicht mehr als sein höchster Rat, das Verordnungsrecht altherkömmliche Autorität überall, wo es sich nicht um herkömmliches Volksrecht handelte. Andrerseits fanden die Volksvertretungen in solchen einseitigen Änderungen wohl schon frühzeitig eine Verletzung ihrer Stellung. War die Verordnung auf ihren Antrag erlassen, so erschien es als eine Verletzung des königlichen Wortes, wenn sie verändert wurde. Hatte das Königtum aus eigner Bewegung ihre Zustimmung nachgesucht, so mochte es wieder als ein Wortbruch erscheinen, wenn man nach gegebener Zustimmung wieder ein Anderes anordnete. War die lex terrae durch ein Parlamentsgesetz geändert, so erschien der neue Rechtsgrundsatz selbst wieder als lex terrae, die nur mit Zustimmung der Landesvertretung geändert werden könne. Kurz, in dem Rechtsbewußtsein der germanischen Völker erscheint dieselbe Rechtslogik, die wir an den Römern bewundern, in dem Grundsatz: rechtliche Akte können nur in der Weise aufgehoben werden, in der sie entstanden sind (quodcumque eodem modo solvitur quo colligatum est). Erst länger als zwei Menschenalter nach dem Beginn parlamentarischer Gesetzgebung folgt in 51 Edw. III. die Petition:

> „daß die im Parlament gemachten Statuten nicht annulliert werden, als mit gemeinsamer Zustimmung im Parlament“.

Darauf die Antwort,

> „daß sie nicht anders aufgehoben werden können“. (Gneist, Engl. Verfassungsgesch. S. 377.)

Es ist damit grundsätzlich anerkannt die hochkonservative Seite der Parlamentsverfassung, welche die königliche Gesetzgebungsgewalt in ihren Würden bestehen läßt, aber die Abänderung des bestehenden Rechts an erschwerende Bedingungen knüpft. Es entspricht dies so sehr dem stetigen Wesen des Staats, daß es in allem Wechsel der Jahrhunderte Grundgedanke der Parlamentsverfassung geblieben ist. Es mag in Anknüpfung an diesen Hergang erinnert werden, daß ein Vorgänger Edward's III., der edelste, großherzigste, volksbeliebteste König anglo-normannischer Zeit, Edward I., noch nicht imstande war, sich an den Gedanken der zweiseitig bindenden Kraft der Gesetze zu gewöhnen, daß er aber durch seine berühmte Charte von Gent (die confirmatio chartarum) gewissermaßen im Wege der Indemnität Schöpfer der vielleicht wichtigsten Verfassungsurkunde des britischen Reichs geworden ist.

Erst das 19. Jahrhundert ist in England zu dem Schlagwort gelangt, welches nach vielfachem Wechsel der Machtstellung des Königtums und des Oberhauses die „Achse" der konstitutionellen Verfassungsform bildet, welches der monarchisch-konstitutionellen Staatsform ihre Lebensfähigkeit giebt, welches einer parlamentarischen Parteiregierung die moralische und rechtliche Möglichkeit verleiht:

„Das Gesetz als höchster Regulator des Staatswillens".
„The supreme authority of the law".

Kehren wir zu den Verhältnissen der deutschen Territorialstaaten zurück. Mit dem westfälischen Frieden rückte für Preußen und die thatkräftigen deutschen Dynastien der Zeitpunkt heran, in welchem die Regierung größerer deutscher Länder nicht mehr mit Landständen fortzuführen war. Die Formation der Landstände war zu einseitig, und ihre Interessen und Bestrebungen in den einzelnen Provinzen zu verschiedenartig, als daß die Landesregierung die für das Finanzwesen, Militärwesen ꝛc. zeitgemäß notwendigen Gesetze mit ihrer Zustimmung hätte zustande bringen können. Der große Kurfürst verschafft sich mit großen Zugeständnissen an die Privilegien der Ritterschaft eine dauernde Kontribution und setzt seine Landstände in Ruhestand. Beschließende Versammlungen sind seit jener Zeit nicht mehr berufen worden, sondern es bestehen nur landständische Ausschüsse fort für einen hergebrachten Kreis von Verwaltungsgeschäften. Aber es dauert fort der traditionelle Grundsatz, daß zu einer Abänderung der Justizgesetze, zur Auferlegung von Steuern und zur Abänderung der früheren ständischen Gesetzgebung überhaupt es eines förmlichen Erlasses bedürfe. Die Quelle beider Arten von Erlassen ist der Landesherr allein. Aber der Unterschied zwischen Gesetz und Verordnung erscheint jetzt in drei Merkmalen: 1. in der Ueberschrift des Erlasses, in Preußen häufig Edikt, Publicandum 2c., doch ohne einen festen Sprachgebrauch, 2. ist aus der grammatischen Fassung oder dem Inhalt des Erlasses ersichtlich, daß damit ein dauernder Rechtssatz oder eine dauernde Einrichtung im Staat festgelegt werden sollte, 3. werden die so gemeinten Verordnungen in Stadt- und Landgemeinden formell verkündet, in einer ortsüblichen Weise.

Bezüglich der Wirkungen blieb der Grundsatz anerkannt, daß publizierte Landesgesetze auch vom absoluten Monarchen nur durch ein publiziertes Gesetz abgeändert werden sollten, daß also die zweiseitig bindende Kraft der Gesetze als Schranke für die landesherrliche Regierung fortdauert, freilich mit einer mehr formellen Wirksamkeit, da auch das zur Abänderung notwendige neue Gesetz lediglich von seinem Willensentschluß abhing. Einfache Verordnungen dagegen waren und blieben in ziemlich formloser Weise jeder Zeit der Aufhebung, Abänderung, Suspension oder Dispensation des Landesherrn unterworfen. Es kam dabei ferner in Betracht, daß in der Centralregierung des Landesherrn, dem Generaldirektorium und der Justizabteilung des geheimen Staatsrats, kein Organ vorhanden war, um eine etwanige Abweichung von diesen Grundsätzen einer gesetzmäßigen Regierung ernstlich zu rügen. Gerade in dem kraftvoll regierten Preußen war daher die Grenze zwischen Gesetz und Verordnung noch etwas mehr verwischt als in den meisten Territorien Deutschlands, und gerade hier war es am schwersten, das Wesen der Unterscheidung festzustellen.

Mit der konstitutionellen Monarchie ist nun aber das Scheidungsmerkmal zwischen beiden Arten der königlichen Erlasse formell erkennbar wieder hergestellt.

Gesetz ist die königliche Verordnung mit Zustimmung beider Häuser des Landtags, — zweiseitig bindend, so daß auch der Monarch nur mit Zustimmung beider Häuser des Landtags das Gesetz aufheben oder abändern kann. (Zweiseitig bindend, wie wir hinzufügen, auch für den Landtag.)

Verordnung i. e. S. dagegen einseitiger Erlaß im Gebiet der Verwaltung ohne Zustimmung der Landesvertretung, daher auch einseitig abänderlich und dispensabel von Seiten der Staatsregierung.

Während dies neue Verhältnis im Ganzen wohl verständlich erschien, so haben sich doch bei der Durchführung des Grundsatzes, wie im Mittelalter durch Fehden, so jetzt durch parlamentarische Kämpfe auf beiden Seiten die schärfsten Konflikte ergeben.

Auf Seiten der Staatsregierung glaubte man eine Ausnahme von der zweiseitig bindenden Kraft ausdrücklich vorbehalten zu müssen für außerordentliche Fälle des Bedürfnisses, für welche die sogenannten „Notverordnungen" mit vorläufiger Gesetzeskraft ausdrücklich anerkannt wurden. Ebenso konnte leicht ein Zweifel darüber bestehen, ob der König auch an Verordnungen gebunden sei, die von seinen Vorgängern in Gesetzesform publiziert waren. Es kehrt hier wohl derselbe Gedankengang zurück, der sich in der englischen Monarchie in dem nächsten Menschenalter nach Einführung der Parlamente verfolgen läßt. Ein Gefühl monarchischer Würde und Machtvollkommenheit wird wohl jederzeit dem Gedanken widerstreben, daß Gesetze eines Vorgängers in der Staatsregierung, die aus dessen freier Entschließung hervorgegangen und durch dessen freie Entschließung jederzeit geändert werden konnten, bindende Schranken für den

Nachfolger sein sollten. Dies galt insbesondere vom Heerwesen. In Preußen waren ja die alten Landstände immer nur ein Hemmnis, niemals eine Förderung der stehenden Armee gewesen. Ihre Entstehung, ihre ruhmreiche Entwickelung, ihre Fortentwickelung von der Kantonverfassung zur allgemeinen Wehrpflicht war lediglich das Werk des Königtums.

Es wird danach wohl verständlich sein, wie von dieser Seite aus ein Verfassungskonflikt in Preußen gewissermaßen naturwüchsig entstand.

III.

Das Geldbewilligungsrecht der Volksvertretung.

Die andere Seite eines Verfassungskonflikts entwickelt sich aus den herrschenden Vorstellungen von dem Geldbewilligungsrecht der Landstände, die in Deutschland so tief gewurzelt waren, daß weder die gewöhnliche Argumentation der Rechtsverständigen, noch die pastoralen Betrachtungen über die Verderbtheit der Zeit, selbst nicht die geduldige Arbeit der Staatswissenschaft im Laufe eines Menschenalters sie richtig zu stellen vermocht haben. Wie einerseits von Seiten des Staats aus die Traditionen der Monarchie, so reichen andrerseits diese Vorstellungen der Gesellschaft in ihren tieferen Wurzeln in weite Jahrhunderte zurück und bedürfen dieses Rückblicks zu einer gerechten Würdigung.

Schon Tacitus bemerkt es als eine Eigentümlichkeit der Germanen, daß sie ihren Herrschern keine Steuern zahlen, sondern nur Ehrengeschenke darbringen.

Auch die karolingische Verfassung beruht auf persönlichen Leistungen der Unterthanen in Heer, Gericht und Friedensbewahrung: für staatliche Zwecke gab es noch keinen Geldfond, sondern nur einen Caesaris fiscus für Haushalt und Gefolge des Herrschers.

Auch als die Kirche dauernde Abgaben beanspruchte, gewährte man mit starkem Widerstreben einen Naturalzehnt, aber keine Geldabgaben.

Solange der Landbau überwiegend, fast ausschließlich, das Vermögen und Einkommen der Nation bildet, sind flüssige Geldmittel überhaupt die schwache Seite der Volkswirtschaft, und vom Standpunkt des platten Landes aus sah man zu allen Zeiten die Städte als die Orte an, wo man das bare Geld so leicht verdiene, wie es dem Landbauer schwer zu verdienen werde.

Solange der größere Grundbesitz seine Güter nicht selbst bewirtschaftete, sondern durch Vögte und arbeitende Leute bewirtschaften ließ, gewöhnte sich der Adel daran, Geldleistungen überhaupt als die natürliche Pflicht der Hörigkeit, die Geldsteuer als ein signum servitii anzusehen.

Als dann im deutschen Reich die Not der Hussitenkriege die Aufbringung von Geldsteuern in Gestalt einer primitiven Vermögenssteuer unabweisbar machte, beginnen alsbald die lebhaftesten Proteste, am lebhaftesten von der Reichsritterschaft ausgehend, gegen die bisher unerhörte Zumutung einer solchen Zahlung, und der sogenannte gemeine Pfennig erwies sich auf die Dauer unausführbar. Man mußte vielmehr einen anderen Steuermodus einführen, der nach der Zahl der Mannschaften bemessen wurde, welche jeder Reichsstand zum Reichsheere zu stellen hatte, und der eben deshalb eine Unterverteilung auf die Unterthanen ermöglichte.

Derselbe Entwicklungsgang kehrt in den Landständen der einzelnen deutschen Territorien wieder.

Da die Landesherren noch weniger als der deutsche König ein Geldbesteuerungsrecht von Hause aus beanspruchen konnten, so erschienen die von Prälaten, Ritterschaft und Städten erbetenen Beiträge als freiwillige Gaben, precaria, Beden. Die märkischen Stände insbesondere machen noch ihre große Geldbewilligung von 1551 mit der nachdrücklichen Versicherung: „nicht aus Pflicht, sondern aus reiner Liebe für ihre kurfürstliche Gnaden rc."

Als selbstverständlich gilt es dabei, daß den Städten die Steuerzahlung eben so leicht wie dem Landvolke schwer werde. Bei der Steuerverteilung im Landtagsrevers von 1594 fällt daher auf die Städte $^2/_3$ des Ganzen, auf die Rittergüter ungefähr $^1/_5$, auf die landesherrlichen Domänen ungefähr $^1/_7$ der Steuermasse, und dieser Maßstab ist eine Hauptgrundlage der späteren Verteilung der Kontributionen geworden.

Überall in Deutschland kehrt bei den Landständen dieselbe Auffassung von der Freiwilligkeit jeder Geldabgabe aus dem Privatvermögen der Unterthanen an den Staat wieder, mit dem immer wiederholten Vorbehalt, daß das Gewährte eine freiwillige Gabe und daraus kein Präcedenz zu machen sei.

Allein alle Vorsichtsmaßregeln der Landstände konnten es nicht verhindern, daß das Bedürfnis des Landes schrittweise die freiwilligen Beiträge in notwendige Steuern umwandelte. Wo das Bedürfnis der Landesverwaltung evident hervortrat, verstanden sich die Landstände vertragsmäßig zu fortlaufenden Zubußen zur landesherrlichen Kammer. An diese „vertragsmäßig" notwendigen Steuern schlossen sich dann die „observanzmäßig" notwendigen, die man annahm, wenn eine Reihe von Jahren hindurch die Stände gleichmäßig eine solche Zubuße bewilligt hatten. Daran reihten sich weiter die „reichsrechtlich" notwendigen Kammerzieler, Kreissteuern, Legationskosten und außerordentliche Reichssteuern, die von der Reichsgewalt angeordnet, von den Landständen nicht verweigert werden durften. Immer enger wurde der Kreis der noch frei zu gewährenden oder zu versagenden Beihilfen. Im Jahre 1668 wurden die drei Kollegien des Reichstags sogar darüber schlüssig, daß den Landesherren allgemein ein Besteuerungsrecht gegen die Unterthanen auch ohne Bewilligung der Stände zustehen sollte, — ein Reichstagsbeschluß, gegen den indessen Kaiser Leopold ein

Veto einlegte „zu seinem unsterblichen Ruhm“, wie Pütter hinzufügt. Allein das Staatsbedürfnis machte sich auch ohne das geltend, und im 18. Jahrhundert war der Grundsatz anerkannt, daß die Landesherren ihre Stände bei Kaiser und Reich verklagen durften, wenn sie die zur Fortführung der Landesverwaltung notwendigen Mittel verweigerten. Der Streit wurde in diesem Fall dem Reichskammergericht überwiesen, welches dann festzustellen hatte, welche Deckungsmittel zur Fortführung der regelmäßigen Staatsverwaltung nötig.

In England ist die Entwicklung der Dinge wesentlich dieselbe gewesen. Die normannische Eroberung hatte freilich die lehensherrlichen Gewalten des Königs so weit ausgedehnt, daß die ordinary revenue ein überaus reichliches gesetzmäßiges Einkommen des Monarchen bildete. Allmählich aber traten auch hier ergänzende Beiträge als unentbehrlich ein, und schon König Johann mußte in der magna charta den Lehensmannen zusichern, Lehensleistungen über die herkömmliche Verpflichtung hinaus nur mit ihrer Zustimmung zu erheben. Noch reichlicher flossen aber die Subsidien, die man seit dieser Zeit durch gütliche Verhandlungen von den Grafschaften und Flecken für die Krone gewann. Edward I. gab in der confirmatio chartarum die grundlegende Zusicherung, keine Steuern, Auflagen und Zölle ohne Zustimmung seiner getreuen Stände erheben zu wollen, und es entwickelt sich nun ein regelrechtes System von Subsidienbewilligungen, durch das in längeren Zwischenräumen die Stände fehlende Mittel der Staatsregierung ergänzten. Unverkennbar hat das Unterhaus in seiner wechselvollen Lebensgeschichte durch die Subsidienbewilligungen seine wachsende Machtstellung erlangt. Seine Anträge knüpften sich gern an solche Geldbewilligungen an, und es war naturgemäß, daß die Anträge „in so passender Begleitung“ durchgingen. Dies berühmte Wort von de Lolme war in Deutschland um so verständlicher, als noch heute alle geldbewilligenden Versammlungen schwer der Versuchung widerstehen, irgend einen Wunsch, eine Voraussetzung oder eine Bedingung anzuknüpfen. Die Tenacität des Privatbesitzes gegen staatliche Steuerforderungen ist für England ebenso charakteristisch wie für Deutschland. Der Versuch der Besteuerung ohne Parlamentsbewilligung durch ein sogenanntes Schiffsgeld wurde das Signal zum Ausbruch der Revolution unter Karl I.

Als aber in länger als vierzigjährigem Kampfe die ständische Gesellschaft das Königtum der Stuarts überwunden hatte, machte sich auch in England das Landesbedürfnis gegen das System der periodischen Subsidien mit zwingender Gewalt geltend. Die alten Abgaben vom Grundbesitz fixieren sich im 18. Jahrhundert auf feste Beträge, die Zollabgaben auf einen gesetzlichen Tarif, alle sonstigen Bewilligungen auf gesetzlich normierte Steuern, und erst im Lauf der Kriege gegen Frankreich und im 19. Jahrhundert entsteht wieder eine Einkommensteuer, die auf kurze Perioden bewilligt, einer Neubewilligung nach freien Entschlüssen einer Landesvertretung offen liegt. Ebenso pflegen einige Artikel im Zolltarif beweglich erhalten zu werden, sodaß etwa $^1/_7$ der Staatseinnahmen einigermaßen beweglich bleibt. Der alte Sprachgebrauch des Subsidiensystems dauert dabei unverändert fort. Man spricht durchweg von einem Bewilligen (grant). Aber alle gesetzlich normierten Steuern werden in der Wirklichkeit nicht „bewilligt", sondern kraft des Gesetzes zur Staatskasse erhoben.

Auch die im 18. Jahrhundert regelmäßig wiederkehrende Übung, nach welcher das Ministerium dem Parlament einen Überschlag der Staatsausgaben (budget) vorlegt, hat an den Rechtsgrundsätzen der Staatseinnahmen nichts geändert. Das Parlament vermeidet es vielmehr sorgfältig, Geldbeschlüsse in Widerspruch mit den dauernden Gesetzen des Königreichs treten zu lassen. Man spricht zwar von einem Steuerbewilligungsrecht wie in früheren Jahrhunderten: aber jeder Engländer weiß, daß diese heutige Bewilligung nicht in periodischen Geldzuschüssen besteht wie in früheren Jahrhunderten, sondern in der Zustimmung des Parlaments zu den Steuer- und Zollgesetzen, welche einmal erlassen für die Unterthanen bindend sind wie jedes andere Landesgesetz und nicht etwa erst einer Bestätigung durch jährliche Parlamentsbeschlüsse bedürfen.

Was dagegen die Staatsausgaben betrifft, so unterscheiden sich solche in gesetzlich anerkannte Verpflichtungen und notwendige Ausgaben zur Aufrechterhaltung der gesetzmäßig bestehenden Institutionen einerseits, und neuen, arbiträren, außerordentlichen Ausgaben. Seit dem unbedingten Vorwalten der Geldwirtschaft bildet der Geldpunkt einen Incidentpunkt in der Ausführung fast jeder Aktion der Staatsgewalt. Die von Alters her strenge Ordnung des Finanzwesens knüpfte daher die Ausgaben der Staatsdiener an eine königliche Ordre (wie noch heute). Diese Ordre enthält eine Geldanweisung in dem Sinne, die zur Ausführung des staatlichen Aktes, soweit nötig oder thunlich, innerhalb der gesetzten Grenzen zu halten. Es versteht sich ein Minus, wenn die Ausgabe nicht in vollem Umfange nötig: andererseits aber auch nicht notwendig eine Unterlassung des Aktes, wenn die angewiesenen Mittel nicht ausreichen. Es wird sich keine englische Rechtsausführung finden lassen, die diese Verantwortlichkeiten der Beamten etwa nach den römisch-rechtlichen Grundsätzen vom Mandat zu beurteilen versucht hätte. In diesem privatrechtlichen Verhältnisse handelt es sich um Ausführung von Geschäften, die man unternehmen oder unterlassen kann. In den staatsrechtlichen Aktionen eines Ministers handelt es sich um Erfüllung von Staatspflichten, die nicht unterlassen werden können, und deren Erfüllung durch gesetzliche Normen auch vielfach noch speziell geregelt ist. Die englische Verfassung hat schon aus diesem Grunde die Ministerverantwortlichkeit vor einen Staatsgerichtshof verwiesen, welcher die hier möglichen Streitfragen nach staatsrechtlichen Grundsätzen entscheiden soll. Der oberste Grundsatz dieser Entscheidung ist aber anerkanntermaßen: „Das Gesetz als höchster Ausdruck des Staatswillens" (the supreme authority of the law). Danach würden sich die möglichen Kollisionsfälle entscheiden. Wenn eine persönliche Anweisung des Königs in Widerspruch träte mit einer gesetzlich ausgesprochenen Staatspflicht, so würde auch in diesem Falle der Staatsdiener dem Gesetz Folge zu leisten haben. Schon ziemlich frühzeitig wurde es nun Sitte, zur besseren Ordnung des Staatshaushalts jene königlichen Anweisungen in einer Generalordre zusammenzufassen, die jedenfalls zweckmäßig, aber doch nicht notwendig, (in manchen Jahren in der That auch unterblieben ist). Wo es an einer General- oder Spezialordre fehlt über den Punkt der Geldverwendung, hat selbstverständlich der Staatsdiener die zur Erfüllung einer gesetzlichen Pflicht oder die zur Aufrechterhaltung einer gesetzlich bestehenden Institution notwendigen Ausgaben aus den bereit stehenden Mitteln zu bestreiten. Er ist verantwortlich für die Befolgung der Landesgesetze, und würde umgekehrt sich strafbar machen durch Versäumung einer gesetzlich normierten Staatspflicht.[4])

Der Mißbrauch nun aber, den Karl II. mit der Verausgabung von Staatsmitteln (bezw. Bestechungsgeldern) getrieben hatte, veranlaßte die Neuerung, daß das Parlament seine Mitwirkung und Genehmigung zum Erlaß der Generalordre zur Regelung der Staatsausgaben beanspruchte, und daß von dieser Zeit an die Generalordre in der Regel, aber nicht immer, mit Zustimmnng des Parlaments erging, als eine sogenannte appropriation bill. Es war jedoch selbstverständlich, daß die Zustimmung des Parlaments den Charakter dieser Geldanweisungen weder ändern konnte noch wollte, daß diese Anweisungen nur eine Modalität der Ausführung amtlicher Akte bilden, deren Rechtsgiltigkeit nach wie vor nach den Gesetzen des Landes zu beurteilen ist. Sie teilen den Charakter der „Gesetze“ in der Form ihrer Entstehung und in der zweiseitig bindenden Kraft, insofern der König die so festgelegten Anweisungen nicht einseitig ändern kann. Sie bleiben aber ihrem Inhalt nach dasselbe, was sie waren, solange sie lediglich als Spezial- oder Generalordres vom König allein ausgingen.

Aus dieser Lage der Sache erklärt sich, daß nach englischem Recht von einer Verweigerung des Budgets im Ganzen keine

Rede sein konnte. Die Legende von einem angeblichen Steuerverweigerungsrecht des Parlaments beruht lediglich auf dem Faktum, daß vor 100 Jahren einmal das Unterhaus gedroht hat, die Beschließung über die appropriation bill einem unbeliebten Ministerium gegenüber zu „vertagen". Es ist aber bei dieser Drohung geblieben, und wäre die Bill nicht erlassen, so würde der Staat keineswegs stille gestanden haben, sondern die Minister würden die notwendigen Staatsausgaben ebenso zu leisten gehabt haben wie in früheren Jahren, in denen keine Spezial- oder Generalordre des Königs zur Regelung des Geldpunkts ergangen war. Nur läge den Ministern einer Anklage gegenüber der Beweis der Notwendigkeit ob, und es hätten in solchem Jahre neue arbiträre, außerordentliche Ausgaben, Anleihen u. s. w. unterbleiben müssen.

Bei der Translation dieser englischen Grundsätze auf das neu gestaltete Parlamentsregime in Frankreich und Belgien sind diese Verhältnisse vielfach mißverstanden, teils weil es nicht leicht war solche in ihrem Zusammenhang zu übersehen, teils weil der altständische Grundsatz von den Subsidienbewilligungen der Landstände mit der neueren Gestalt der Steuergesetze verwechselt wurde. Auch in Frankreich lebten noch Reminiszenzen an die alte Stellung der états généraux und ihre Subsidienbewilligungen. Noch allgemeiner wirkte die Idee von der Volkssouveränetät, die seit der Revolution in das Bewußtsein der Nation eingedrungen war: Tous les pouvoirs émanent du peuple. Die wieder eingesetzte Dynastie der Bourbonen war von dem größeren Teil der Bevölkerung widerwillig aufgenommen. Das Volksbewußtsein fand daher keinen Widerspruch darin, daß auch die Einkünfte der königlichen Domänen und die althergebrachten Revenuen der Krone alljährlich von der Volksvertretung neu „bewilligt" werden müßten. Aus diesem Ideengang hatte sich eine weitverbreitete Volksmeinung entwickelt, daß im Gegensatz zu den von Napoleon I. eingeführten Scheinverfassungen in dem wirklichen, ehrlich gemeinten Parlamentssystem die Volksvertretung alle Einnahmen und alle Ausgaben des Staats neu zu bewilligen habe, und daß den Parlamenten auch ein Recht zustehe, einem Ministerium den ganzen Staatshaushalt in Bausch und Bogen zu verweigern. Die Steuerbewilligung und Steuerverweigerung gestaltete sich damit zu einem klaren, einfachen Begriff, dessen durchsichtige Einfachheit dem romanischen Volksgeist ohnehin sympathisch sein konnte. So finden wir bei Benjamin Constant und bei den maßgebenden Autoritäten der politischen und staatsrechtlichen Litteratur Frankreichs den Satz von der jährlichen Bewilligung der Staatseinnahmen und der Staatsausgaben durch das Parlament als einen anerkannten, feststehenden Grundsatz des konstitutionellen Staatsrechts.

Und diese Auffassung des Verhältnisses hat ihren Kreislauf durch die ganze europäische Welt durchlaufen. Nicht nur in Belgien und Griechenland, wo ebenso die Neueinsetzung einer Dynastie in Betracht kam, sondern auch in Ländern mit althergebrachten Dynastien, und bis heute dauert eine in parlamentarischen Kreisen kaum vertilgbare Idee von der Befugnis eines Parlaments, einem Staatsministerium ein ganzes Budget zu versagen als Ausdruck eines stärksten Mißtrauensvotums noch fort, und bildet den Hintergrund endloser Wechsel von Ministerien, die durchschnittlich kaum eine Jahresfrist überdauern. Psychologisch mag dabei immer noch eine germanische Rechtsidee walten, daß jede Gabe aus dem Privatvermögen an den Staat grundsätzlich eine freiwillige sei.

Wenn derselbe Grundgedanke in einer besonnenen Nation wie der deutschen mit einem stark entwickelten Rechtssinn so tiefe Wurzeln fassen konnte, so liegt der Grund auch hier in historischen Erinnerungen an das alte Recht der Landstände, ihre Geldbewilligungen nur als freiwillige Gaben zu machen, in der

Mehrdeutigkeit des Ausdrucks bewilligen, vor allem aber in dem lang hingezogenen Streit über die Einführung der modernen Repräsentativverfassungen. Wenn einer Nation die bei Ausbruch der Freiheitskriege zugesagte zeitgemäße Verfassung so lange versagt wird, so wendet sich die öffentliche Meinung einseitig den Mitteln und Wegen zu, durch welche das vorenthaltene Gut erfahrungsmäßig zu erlangen ist. Aus der Zeit der alten Landstände war aber unleugbar zu entnehmen, daß die Steuerbewilligung das wirksame Mittel gewesen, durch welches Ritter, Prälaten und Städte ihre wichtigsten Rechte errungen, ihre Teilnahme an Verfassung und Verwaltung des Staatswesens erlangt hatten. Der Hergang der englischen Staatsentwicklung, soweit er allgemein bekannt war, bestätigte diese Auffassung. Die französischen états généraux, die spanischen Reichsstände, ja im Grunde alle mitteleuropäischen Verfassungsbildungen enthielten sichtbare Merkmale von der wunderbaren Kraft der Steuerbewilligungen als treibender Wurzel der Begründung der Volksrechte. Auch die deutsche Staatswissenschaft war zum Beweis ihrer Grundsätze eines konstitutionellen Staatsrechts immer zunächst auf das Vorbild der hervorragendsten französischen Theoretiker von Sieyès bis Benjamin Constant verwiesen, und die staatswissenschaftlichen Kreise lenkten infolge der tiefen politischen Verstimmung durch die Maßregeln des deutschen Bundes weit überwiegend in denselben Gedankengang ein.

So wird es verständlich, daß in der Sturm- und Drangzeit von 1848 das Bekenntnis zu dem Steuerbewilligungs- und Verweigerungsrecht der Stände als das selbstverständliche Merkmal nicht nur eines freisinnigen, sondern jedes konstitutionellen, ja jedes einsichtigen Staatsbürgers galt, und daß die preußische Nationalversammlung am 14. November 1848 zu einem, wenn auch etwas verklausulierten Steuerverweigerungsbeschluß gelangen konnte. Am Morgen des 14. November um 8 Uhr suchte ich den Abgeordneten Dr. Waldeck im Kreise seiner angesehenen Parteigenossen auf, um als Sprecher einer Deputation des Berliner Gemeinderats die Herren dringend zu bitten, die beabsichtigte

Steuerverweigerung nicht auszusprechen, da abgesehen von der „Zweifelhaftigkeit der Befugnis“ der Beschluß zu einer Rückwendung der öffentlichen Meinung und zu einem Abbruch des Verfassungswerks führen würde. Ich erhielt aber von Waldeck (meinem Nebenmanne im Gerichtskollegium) eine bittere Antwort, die darauf hinauslief, daß die Herren von der Stadt sich wohl den Rücken decken wollten, wenn die Versammlung genötigt sei, von ihren parlamentarischen Rechten einen ernsten Gebrauch zu machen. Noch Jahre hindurch ist mir aus den Kreisen sehr gemäßigter Parteifreunde und staatswissenschaftlicher Männer, auch der damals sogenannten konstitutionellen oder altliberalen Parteirichtung, kein Zweifel an der selbstverständlichen Allgemeinheit eines Steuerbewilligungs- und -Verweigerungsrechtes vorgekommen. Als dann Stahl aus dem halbvergessenen alten Reichsrecht die Lehre von den notwendigen Steuern als einem wesentlichen Stück unserer historischen Verfassungen veröffentlichte, erschien diese Reminiszenz als eine äußerst reaktionäre Meinungsäußerung, die auch auf der konservativen Seite verschieden beurteilt wurde.

Ich kann aus der späteren Darstellung schon antizipieren, daß, als im Jahre 1863 eine Spezialkommission mit der Erörterung dieser Frage befaßt war, Juristen und Politiker sich rasch dahin einigten, daß das Geldbewilligungsrecht durch unsere Verfassungsartikel einfach und klar normiert sei.

Art. 99: „Alle Einnahmen und Ausgaben des Staats müssen für jedes Jahr im Voraus veranschlagt und auf den Staatshaushaltsetat gebracht werden. Letzterer wird jährlich durch ein Gesetz festgestellt.“

Art. 100: „Steuern und Abgaben für die Staatskasse dürfen nur, soweit sie in den Staatshaushaltsetat aufgenommen oder durch besondere Gesetze angeordnet sind, erhoben werden.“

Ich darf wohl schon hier zur Auslegung des Art. 99 Folgendes bemerken. Gesetze sind bekanntlich so auszulegen, daß sie nicht einen Widersinn, sondern einen möglichen Sinn ergeben. Wenn man daher nicht die hier unzulässigen Analogien aus dem Privatrecht einmischt, so ist der Sinn des Art. 99:

1. es muß ein jährlicher Etat aufgestellt werden, es ist dies absolute Pflicht der Ministerverwaltung gegen das Land zur Klarlegung der Finanzverhältnisse.
2. es soll die Befolgung dieses Plans nicht wie bisher durch einseitige Verordnung des Königs, sondern mit Zustimmung des Landtages durch ein Etatsgesetz angeordnet werden.

Da aber die Ausführung der zweiten Regel nicht von den Ministern allein abhängt, sondern das Zusammenstimmen dreier Faktoren voraussetzt, so versteht sich das Soll mit dem Zusatz wenn thunlich. Ist die Übereinstimmung der drei Faktoren nicht zu erreichen, so unterbleibt eben der Gesetzakt. Es entsteht aber kein vacuum, sondern die einzelnen Dienstzweige sind dann nach den besonderen Gesetzen, Verordnungen und Herkommen finanziell zu handhaben. Es müssen dann aber neue Ausgaben, außerordentliche Verwendungen, Anleihen &c. unterbleiben, und die Minister können im Fall einer Anklage in die Lage kommen, den oft nicht leichten Beweis der Notwendigkeit einer Ausgabe zu führen, während sie gegen alle diese Verantwortlichkeiten durch das Zustandekommen eines Etatsgesetzes gedeckt sind.

Anders interpretierten freilich die an ihr Privatrecht, (mandatum und Überschreitung des Auftrags) gewöhnten Juristen. Ohne Rücksicht auf das in Verwaltungsgesetzen öfter vorkommende Verhältnis von normativen und Ausführungsgesetzen (z. B. die Reichsexekutionsordnung) stellen sie das Etatsgesetz auf gleiche Linie mit allen übrigen Gesetzen, und kommen damit auf die böse Alternative:

> **Entweder** die Krone fügt sich und muß sich fügen dem einseitigen Bewilligungsrecht des Hauses: Dann wird die Mehrheit des Abgeordnetenhauses absolute Herrin des Staats und kann einseitig jeden Verfassungsartikel und jedes verfassungsmäßige Gesetz außer Kraft setzen;
> **Oder** die Krone fügt sich nicht: dann bleibt nur die Wahl, entweder den Staat unthätig stille stehen zu lassen oder die ganze Verfassung zu zerbrechen.

Wenn man mit der in Privat- und Strafrechtsgesetzen gewohnten Argumentation „Gesetz ist Gesetz" im Verwaltungsrecht vorschreitet, so gerät man auf Schritt und Tritt zu einem Widerspruch der jährlich wechselnden Beschlüsse des Abgeordnetenhauses im Etatsgesetz mit den dauernden von der Krone und beiden Häusern des Landtags vereinbarten Gesetzen. Eine in der Majorität befindliche Opposition erledigt diesen Widerspruch dadurch, daß sie versichert, eine patriotische, einsichtige Landesvertretung werde das für den Staat Notwendige stets bewilligen. Die Nationen aber, bei denen die Vorstellung von der Volkssouveränetät vorwaltet, nehmen an der prekären Stellung der Gesetze keinen Anstoß.

Die Grundvorstellung von diesem sogenannten Budgetrecht war indessen auch in Deutschland so unbedingt herrschend, daß sie nicht nur bei den wiederholten Neuwahlen zu dem Hause unverkennbar ausschlaggebend gewirkt hat, sondern daß auch die aktiven Staatsminister, wie sich später ergeben wird, das Vorhandensein einer solchen Befugnis stillschweigend oder auch ausdrücklich anerkannt haben.

Wenn ich von den Hergängen der Jahre 1862 — 66 das Zeugnis eines unserer ersten Geschichtschreiber, der mitten in den damaligen Parlamentskämpfen stand, antizipieren darf, so lautet es dahin:

„Es gab wenige Menschen damals in Preußen, (schreibt v. Sybel, Die Begründung des Deutschen Reiches II 437), die nicht von der Wahrheit durchdrungen gewesen wären, Altliberale und linkes Centrum, Katholiken und Fortschrittspartei, sie alle stimmten darin überein, den Satz: Keine Ausgabe ohne Genehmigung des Abgeordnetenhauses als den Grund- und Eckstein des Verfassungsstaates anzuerkennen. So hatte man es nach englischem Vorbild gelernt, seitdem man in Deutschland konstitutionelle Rechte erstrebte; oft genug hatte man es als schwere Lücke beklagt, daß nicht auch die Einnahmebewilligung ebenso vollständig in die Hand der Abgeordneten gelegt sei."

Ich kann aus meinen Eindrücken nur hinzufügen, daß die

Berufungen auf das englische Vorbild, „das Land der Erbweisheit“, mehr nominelle waren. In der Wirklichkeit kannte man nur die belgischen und französischen Auffassungen von dem englischen Parlamentswesen. Die Charten und Verfassungen Belgiens und Frankreichs waren das nächst bekannte, nächst liegende, lange Zeit hindurch anscheinend bewährte Muster. Die klare, logische Konsequenz dieser konstitutionellen Theorien übte auf die staatsrechtlichen Theoretiker einen anziehenden Eindruck, ähnlich wie die codes auf die Berufsjuristen. Der überwiegende Einfluß der gelehrten Stände auf die öffentliche Meinung in Deutschland machte sich auch auf die politischen Vorstellungen der Nation von einem allgemeinen Geldbewilligungsrecht geltend. Und so war von dieser Seite her eine festgewurzelte Vorstellung der Gesellschaft vorhanden, die mit den traditionellen Grundsätzen der Staatsregierung unvermeidlich in Konflikt kommen mußte.

Ich komme nun von diesen beiden rechtlichen Voraussetzungen aus auf den gegebenen Boden des Streits, die preußische Heeresorganisation.

IV.

Die gesetzliche Organisation des preußischen Heeres 1814—1819.

Die seit den Freiheitskriegen in Preußen durchgeführte Gestaltung der bewaffneten Macht in Linie, Landwehr I. und II. Aufgebots war das Vermächtnis einer hochpatriotisch-ruhmreichen Zeit, als solches anerkannt von der Staatsregierung wie von der Bevölkerung. Die Begeisterung für die Befreiung des Vaterlandes hatte in jener Epoche 5—6 Prozent der gesamten

Bevölkerung unter die Waffen gerufen. Die damalige Landwehr war von den Landständen organisiert worden, zum Teil aus älteren, im Krümpersystem ausgebildeten Soldaten, zum Teil aus neueintretenden, ungedienten Leuten. In regem Wetteifer hatten Linie und Landwehr Wunder der Tapferkeit verrichtet, und auch nach geschlossenem Frieden dauerte eine Zeit lang die unbezweifelte Tüchtigkeit der Landwehr fort unter im Kriege bewährten Offizieren und Mannschaften.

Nach geschlossenem Frieden trat nun die Frage nach der Fortdauer der Scharnhorst'schen Armeeorganisation an die Staatsregierung heran. Die allgemeine Wehrpflicht war bei Ausbruch des Krieges nur auf Zeit eingeführt, da nur für die Dauer des Krieges die zahlreichen Ausnahmen von der Kantonpflicht aufgehoben sein sollten. Ein Teil der Generale wollte damals zu dem alten System zurückkehren. Der König selbst entschied sich für die Fortdauer der allgemeinen Wehrpflicht und der Landwehr.

Es kam jetzt darauf an, die allgemeine Wehrpflicht als dauernde Grundinstitution dem Staat einzuverleiben. Es geschah dies durch das mustergiltige Gesetz vom 3. September 1814, welches den Dienst im Heere auf 3 Jahre bei der Fahne, 2 Jahre in der Reserve, 7 Jahre in der Landwehr ersten Aufgebots, 5 Jahre in der Landwehr zweiten Aufgebots feststellt, den Klassen mit gelehrter Bildung aber (auf denen die Erfüllung der Wehrpflicht mindestens dreimal so schwer als auf den arbeitenden Klassen ruht), einen einjährigen Dienst als Freiwilligen zugesteht.

War somit die Dienstpflicht des Einzelnen hinreichend festbestimmt, so war es zur Zeit doch unmöglich, die Gesamtleistung der Nation für das Heer zu bemessen. Ein Teil der Truppen stand am Tage jenes Gesetzes noch in Frankreich, das Gebiet des Staats war fast um die Hälfte erweitert, die Organisation der Bezirke und der bürgerlichen Behörden noch nicht definitiv festgestellt, über die künftige Gestaltung der Landwehr noch nichts Näheres bestimmt. Wie bei der Neuerrichtung unserer Kriegsmarine nach 1867 erst aus längerer Erfahrung sich die

Grundsätze ergeben konnten, nach denen eine dauernde Organisation gewisser Teile der Kriegsmarine sich ermöglicht, wie bei der Kriegsmarine sogar die Modalitäten der Dienstpflicht noch eine Zeit lang nur durch Verordnung gestaltet werden konnten, so war am 3. September 1814 eine Festsetzung der Gesamtleistung nur durch Verordnung möglich. Der § 3 des Gesetzes bestimmt daher:

> „Die Stärke des stehenden Heeres und der Landwehr wird nach den jedesmaligen Staatsverhältnissen bestimmt."

Um dazu zu gelangen, mußte erst eine Reihe von Formationsfragen festgestellt werden, vor allem die Frage nach der Formation der Landwehr. Sie wurde gelöst durch die Landwehrordnung vom 21. November 1815 (G. S. 1816 S. 77.), die in der den Gesetzen dieser Zeit eignen Art und Wärme mit einer ehrenden Erinnerung beginnt:

> „Die Geschichte wird der Nachwelt diese Treue, diesen Mut (der Landwehr) als ein glänzendes Vorbild aufzeichnen. Doch nicht bloß das Bewußtsein treuer Pflichterfüllung sollte der Lohn einer so edlen Hingebung sein. Durch die Errichtung der Landwehr zeigte es sich bald, daß sie auch fähig sei, fortdauernd zur Verteidigung des Vaterlandes beizutragen, da es durch ihre Beibehaltung möglich wird, die Kosten, welche sonst die Erhaltung der bewaffneten Macht forderte, zu vermindern und den einzelnen Krieger früher, als es sonst möglich war, seiner Heimat und seinem Gewerbe zurückzugeben. Diese großen Vorteile bestimmen die Erhaltung der Landwehr im Frieden. An den mäßigen Umfang des stehenden Heeres schließt sich künftig die Landwehr, zwar immer zur Verteidigung des Vaterlandes bereit, doch nur dann versammelt, wenn ein feindlicher Anfall oder die eigne Bildung es notwendig macht. Wir verordnen daher:
>
> § 1. Die Landwehr bildet einen Teil der bewaffneten Macht,

sie tritt indeß nur bei ausbrechendem Kriege und bei den jährlichen Übungen zusammen.

§ 2. Die kommandierenden Generale in den Provinzen haben in Vereinigung mit den Oberpräsidenten und Regierungen für die unter ihre Befehle tretenden Landwehrregimenter die nötigen Bezirke auszumitteln.

§ 3. Der Ergänzungsbezirk eines Regiments wird demnächst ebenso in Unterbezirke für die Bataillone und Kompagnien geteilt.

§ 5. In dem Ergänzungsbezirk eines Bataillons wird auch zugleich eine Kavallerieschwadron mit eingeteilt."

Es folgen demnächst eine Reihe spezieller Formationen, die später mehrfach abgeändert sind. Es tritt schon hier der Grundgedanke hervor, die Abteilungen des stehenden Heeres mit den Bezirken der bürgerlichen Verwaltung in eine dauernde Verbindung zu bringen. Zu dem Zwecke mußte aber auch die Gliederung des stehenden Heeres im Friedensstande in Korrespondenz mit den Landwehrbataillonen und durch diese mit den Kreisverbänden des Landes treten. Diese Aufgabe wird nun weiter verfolgt. Die kleine Friedensarmee Preußens unter dem Druck der Fremdherrschaft hatte nur wenige Brigaden gebildet von je zwei Regimentern Infanterie bezw. drei Regimentern Kavallerie. Die jetzt zahlreichen Brigaden werden nunmehr zu Divisionen vereint (1818), welche wiederum zu je 2 ein Armeekorps bilden. Die volle Korrespondenz der Kadres der Linie und der Landwehr wird demnächst durchgeführt durch die A. K. O. vom 22. Dezember 1819, publiziert in der Gesetzsammlung von 1820 S. 5. Da in den späteren Verhandlungen die Ansicht geltend gemacht wurde, dieser königliche Erlaß sei nicht als Gesetz gemeint, sondern als ein Regulativ zur Nachachtung für die Behörden, so wird es ratsam sein, diesen Erlaß nach seinem Eingang wörtlich zu zitieren:

„Mit besonderm Wohlgefallen habe ich seit 4 Jahren das Gedeihen des für die Sicherheit des Staats so wichtigen Landwehrinstituts wahrgenommen und bemerkt, wie willig das Volk die ihm dadurch auferlegten Opfer getragen und wie thätig Militär- und Civilbehörden für das Beste der Anstalt gewirkt haben. Es thut mir wohl, dies öffentlich anzuerkennen. Die Erfahrung hat indessen mehrere Mängel der Formation in Bataillons, Regimenter und Inspektionen aufgedeckt, denen abgeholfen werden kann, ohne das Wesen des Instituts im Mindesten zu ändern, und ohne daß dabei die aus der besonderen Stellung der Linientruppen und der Landwehr hervorgehende Individualität verletzt werde u. s. w. (Demgemäß folgen dann die speziellen Vorschriften, namentlich:)

„Sämtliche Landwehrregimenter erhalten die Nummer auf der Schulterklappe von derselben Farbe wie die Linienregimenter, zu denen sie gehören.“

Im weiteren Verlauf wird dann noch die Kriegsstärke der Bataillone auf 1000 Mann, die der Schwadronen auf 162 Mann fixiert. Im Jahre 1820 erschien auf dieser Grundlage die Gesamtorganisation der Armee als vollendet in 8 Armeekorps (bezw. Divisionen, Brigaden), 32 Regimentern Infanterie, 4 Reserveregimentern und einem Gardekorps als Quasi-Elitetruppe. Die Gesamtstärke des Heeres war damit festgelegt in der Zahl der Bataillone, denen zugleich die Schwadronen der Kavallerie und die Artilleriemannschaften der Landwehr einverleibt waren in fester Verbindung mit der Landeseinteilung und deren Unterbezirken, sodaß in jedem Dorfe auf einer ansehnlichen Tafel zu lesen war, zu welchem Regiment, Bataillon und Kompagnie des Landwehrbezirks die Ortschaft gehöre. Es war damit auch in Summa die Präsenzzahl der stehenden Armee dauernd festgelegt. Dieselbe betrug seit 1820 130000 Mann bis 1830. Von 1831 an 131000 Mann und die nächsten 20 Jahre abwechselnd 134000 und 135000 Mann, 1849 und 1850 131000, 1851 134000, 1852—1857 138—140000 Mann.

Die Vergleichung Frankreichs und Englands ergiebt, daß man die gesetzliche Festlegung der Größe einer stehenden Armee bald durch Festsetzung einer Gesamtsumme des Präsenzstandes, bald durch eine Festsetzung der Kadres und ihrer Kopfzahl im

Friedensstande, bald durch eine Bestimmung der Zahl der jährlich auszuhebenden Rekruten versucht hat. Die letztere Weise war für Preußen entschieden nicht angemessen, da unser Heersystem bis zum Maß des Möglichen eine allgemeine Wehrpflicht ausführen sollte, und jede Beschränkung der Zahl der Aushebungen damit grundsätzlich in Widerspruch trat. Dagegen ergab sich in Preußen aus der Zahl der Kadres und dem zu der Herstellung der gesetzlichen Kriegsstärke notwendigen Friedensstand wesentlich dasselbe Resultat, als ob die Präsenzzahl festgelegt worden wäre, welche ja in der That sich auch zwischen 130 und 140000 Mann bewegt hat, mit Abweichungen, wie sie auch bei einer fixierten Summe der Köpfe nicht wohl zu vermeiden sind, je nachdem man dabei an eine Maximal-, Minimal- oder Durchschnittszahl denkt.

Daß diese Maßbestimmungen als dauernde gesetzliche Normen gemeint waren, ergiebt nicht nur die förmliche Weise der Publikation und die Ausdrucksweise des Gesetzgebers, sondern auch die gewissenhafte Innehaltung dieser Maßbestimmungen. Jahr für Jahr wurde bis zum Schluß der Regierung Friedrich Wilhelms IV. in der Rang- und Quartierliste die Zahl der Kadres der Armee völlig unverändert publiziert.

Bei den Rechtsverständigen unseres Vaterlandes kann hiernach wohl kein Zweifel übrig bleiben, daß die A. K. O. vom 22. Dezember 1819 nach Fassung und Inhalt sich als ein formelles Landesgesetz darstellt, und kein Kenner von militärischen Organisationsgesetzen andrer Länder kann im Zweifel bleiben, daß sie ein korrektes, wesentlich vollständiges Verwaltungsgesetz darstellt.

Andrerseits verkannte aber auch die herrschende Meinung keineswegs, daß im Verlauf der Zeit in der volkstümlichen Heeresverfassung sich erhebliche Mißstände herausgebildet hatten.

V.

Die anerkannten Mängel der gesetzlichen Heeresverfassung.

Schon ehe die Militärfrage Gegenstand eines parlamentarischen Streits wurde, war sie in Preußen Gegenstand eines sehr allgemeinen Interesses. Die enge Verschmelzung der Landwehr ersten Aufgebots mit den Brigaden und Regimentern der Linie hatte ihrer Zeit wohlthätig gewirkt, um die Schlagfertigkeit der Landwehr zu bewahren. Wäre jener Zeit die Bestimmung der Landwehr etwa als einer Reservetruppe für den Garnisondienst oder als Festungstruppe ausgesprochen worden, so würde sie vielleicht bald das Schicksal des zweiten Aufgebots der Landwehr geteilt haben, welche später eigentlich nur auf dem Papiere existierte. Es war diese Formation eine eigentümliche, völlig verschieden von einer Bewaffnung der bürgerlichen Besitzklassen zur Aufrechterhaltung der gesellschaftlichen Ordnung (Nationalgarde), völlig verschieden von einer temporären Bewaffnung der Volksmassen zur Verteidigung des Landes (Volksmilizen), — auch wesentlich verschieden von der Landwehr der Befreiungskriege, welche aus freiwillig eintretenden Leuten in großen Massen im Anschluß an militärisch gebildete Mannschaften neu formiert war. Es war das Verdienst Boyen's, welcher die im dreijährigen Dienst bei den Fahnen ausgebildeten Mannschaften zum maßgebenden Bestandtheil der Landwehr gemacht hat. Es war eine eigentümliche Neubildung, die etwa ihre Analogie in der Heeresverfassung des alten Rom finden konnte, eine Formierung der vollständig ausgebildeten, an militärische Disziplin gewöhnten Mannschaften der ältesten Jahrgänge zu einer secunda acies. Sie war ein Glied jener preußischen Eigentümlichkeit, die den Mangel des Staats an finanziellen

Mitteln durch erhöhte Anforderungen an den persönlichen Dienst ersetzte, und damit auch namentlich unter dem Einfluß der Städte-Ordnung von 1808 dem bürgerlichen Leben eine höhere Regsamkeit und Entwicklungsfähigkeit erhalten hat.

Ein halbhundertjähriger Zustand des Friedens konnte nun aber auch die beste Heeresverfassung nicht vor erheblichen Mängeln bewahren. Der Rahmen der Armee, welcher der Bevölkerung von 1819 angepaßt war, mußte zu eng werden für eine Bevölkerung von 1850. Die Bevölkerung war von 1820 bis 1850 von 11 Mill. schon auf 18 Mill. angewachsen. Eine der allgemeinen Wehrpflicht entsprechende Heeresmacht hätte danach von 130 000 auf etwa rot. 200 000 Mann erhöht werden müssen. Allein die Finanzkräfte des Staats erlaubten dies nicht. Die seit 1823 alljährlich publizierten Staatshaushaltsetats beschränkten sich auf rot. 50 Mill. Thaler in Einnahme und Ausgabe, und zeigten alljährlich nur geringe Erhöhungen.

Im Jahre 1821 war zum ersten Male ein Staatshaushaltsetat in der Gesetzsammlung publiziert worden, welcher in Einnahme und Ausgabe mit 50 Mill. Thal. balancierte. Seit 1829 erfolgten diese Veröffentlichungen von drei zu drei Jahren und ergaben eine schrittweise Erhöhung, die bis zum Jahre 1850 bis auf 130 Mill. Thal. gewachsen war, im Wesentlichen aber nur zu Gunsten der früher so überaus stiefmütterlich behandelten Zweige der Civilverwaltung. Die Kosten der Verpflegung, Bekleidung, Ergänzung der stehenden Armee waren ebenso stabil geblieben, wie der Rahmen der Armee auf Grund der Organisationsgesetze von 1815—1819. Diese finanzielle Seite wurde in officiösen Artikeln der Sternzeitung Januar 1862 in ausführlichen Übersichten gegeben.

Eine Vermehrung dieser Einnahmen durch neue Steuern und andere Finanzquellen des Staats hätte nach den feierlichen Zusicherungen von 1815 nur mit Zustimmung allgemeiner Reichsstände geschaffen werden können, und mußte deshalb unterbleiben. Bis zur Einführung der Verfassungsurkunde bewegten sich daher die Heeresausgaben zwischen 22 Mill. und 24 Mill. Thal., in

Teuerungsjahren allenfalls bis zu 27 Mill. und 28 Mill., unverkennbar aber konnte die Präsenzzahl der stehenden Armee nicht über etwa 130 000 Mann erhöht werden, ohne den Anteil des Heeres an den Gesamtausgaben des Staats in unzulässiger Weise zu erhöhen. Das Mißverhältnis zwischen den vorhandenen Dienstpflichtigen und den zur militärischen Ausbildung wirklich eingestellten Rekruten wuchs daher von Jahr zu Jahr. Allmählich erschien auch die Gesamtzahl des im Kriegsfall verwendbaren Heeres kaum groß genug im Vergleich zu der erhöhten Truppenzahl der benachbarten Großstaaten. Um innerhalb des gesetzlich feststehenden Rahmens eine größere Zahl von Mannschaften auszubilden, beschloß König Friedrich Wilhelm III. (1833) eine Herabsetzung der thatsächlichen Dienstzeit bei der Infanterie von drei auf zwei Jahre. Die gesetzliche Verpflichtung der Mannschaften zu einem dreijährigen Dienst blieb dabei bestehen. Die Neuerung wurde durch eine nicht publizierte A. K. O. eingeführt, konnte also jederzeit durch einseitigen königlichen Erlaß an die Behörden widerrufen werden. Man verhehlte sich nicht die Bedenken der Neuerung. Der damalige Zustand der Volksschulen in größeren Landesteilen ließ für den Elementar-Unterricht der Mannschaften viel zu wünschen übrig. Und außer der technischen Ausbildung der Mannschaften ist ebenso bedeutungsvoll die Gewöhnung der Truppen an ein kameradschaftliches Zusammenleben und die Gewohnheiten des Dienstes, wobei auch manche Verschiedenheiten des nationalen Charakters eine mehr oder weniger lange Arbeit der Zusammengewöhnung mit sich bringen. Ich erinnere mich noch mancher Unterhaltungen mit französischen Offizieren aus dem Anfang der vierziger Jahre, die bei aller Anstelligkeit des Franzosen eine dreijährige Dienstzeit bei der Fahne sogar noch für ungenügend zur Ausbildung ihrer Truppen und eine strengere Disziplin als die unsrige für ihre Mannschaften unentbehrlich hielten. Die mir bekannten englischen Offiziere sahen unsere Linientruppen geradezu als eine Rekrutenarmee an, und wollten sich auch durch die Erscheinung unserer Friedensmanöver nicht eines Bessern belehren lassen.

Auch in der preußischen Armee zeigten sich nicht unerhebliche Mängel der abgekürzten Dienstzeit bei der Fahne, sodaß man später (1852) wieder auf eine $2^1/_2$ jährige Dienstzeit der Infanterie hinaufging, jetzt 1856 auf eine 3 jährige Dienstzeit zurückkam, womit dann freilich die Zahl der jährlich einzustellenden Rekruten wieder erheblich herabgesetzt werden mußte.

Der Thronfolger König Friedrich Wilhelms IV., Prinz, später Prinzregent, König und Kaiser Wilhelm, durch seine Erziehung und alle seine persönlichen Neigungen zum Berufssoldaten geschaffen, war es, der im Kreise der militärischen Sachverständigen die Notwendigkeit einer mindestens dreijährigen Ausbildung auch bei der Infanterie mit Entschiedenheit vertrat. Er spricht sich darüber ausführlich in Denkschriften aus, auf die ich später zurückkomme.

Aus diesem engeren Kreise der Militärverwaltung tritt nun die Persönlichkeit des Prinzen in den weiteren Kreis des Lebens der Nation, der er in allmählich steigendem Maße Gegenstand der Bewunderung, der tiefsten Verehrung und der herzlichsten Anhänglichkeit werden sollte.

Was er seinem Volke werden wollte, hat er in seinem Glaubensbekenntnis zu seiner Konfirmation als evangelischer Christ mit Worten ausgesprochen, die seinen Nachfolgern auf dem Thron und der Nachwelt erhalten bleiben sollten.

„Den Pflichten des Dienstes will ich mit voller Pünktlichkeit nachkommen und meine Untergebenen zwar mit Ernst zu ihrer Schuldigkeit anhalten, aber ihnen auch mit freundlicher Güte begegnen. Ich will unablässig an der Verbesserung meines Herzens und Lebens arbeiten. Jeden Tag will ich mit dem Andenken an Gott und meine Pflichten beginnen und jeden Abend mich über die Anwendung des verflossenen Tages prüfen. — Mir soll alles heilig sein, was dem Menschen heilig sein muß. Verderbte Menschen und Schmeichler will ich entschlossen von mir weisen. Die besten, die geradesten, die aufrichtigsten sollen mir die liebsten sein. Die will ich für meine wahren Freunde halten, die mir die Wahrheit sagen. Ich will das

Verdienst aufmuntern und belohnen und besonders das bescheidene und verborgene an das Licht ziehen."

In diesem Sinne hatte der Prinz seine Regentschaft des Staats angetreten, und in der unvergeßlichen Ansprache an sein Volk auch seine Auffassung von den Pflichten der Regierung und der Nation ausgesprochen. Es heißt darin u. a.: „Es ist Preußens Bestimmung nicht, dem Genuß erworbener Güter zu leben. In der Anspannung seiner geistigen und sittlichen Kräfte, in dem Ernst und der Aufrichtigkeit seiner religiösen Gesinnung, in der Vereinigung von Gehorsam und Freiheit, in der Stärkung seiner Wehrkraft liegen die Bedingungen seiner Macht, nur so vermag es seinen Rang unter den Staaten Europas zu behaupten."

Diesen Bekenntnissen ist König Wilhelm treu geblieben auch in dem schweren Kampf, der ihm schon in den ersten Jahren seiner Königsregierung beschieden war.

Die Stärkung der Wehrkraft war ihm Lebensfrage als Soldat und als Herrscher, und Herzenssache vom ersten bis zum letzten Tage seiner Regierung. Schon im November 1837 hatte er als Vorsitzender einer Kommission zur Bearbeitung eines Dienstreglements für die Armee die Bedürfnisse und die Mängel des Bestehenden wohl so gründlich kennen gelernt, wie die bestgeschulten Generale des Heeres. Im Verlauf von mehr als 40 Friedensjahren waren drei Hauptmängel in diesen Einrichtungen hervorgetreten, denen auch die beste Heeresverfassung in langer Friedenszeit unterliegt, und die auch in weiteren Kreisen vor dem Konflikt ziemlich unbefangen anerkannt wurden.

1. Die Armee war aus dem Rahmen der allgemeinen Wehrpflicht herausgewachsen. Die Bevölkerung des Landes war von 1820—1860 beinahe auf das Doppelte angewachsen. Eine Präsenzzahl von 130000 Mann machte es im Verlauf der Zeit nur möglich, etwa $^1/_4$ der dienstfähigen jungen Leute in die stehende Armee aufzunehmen. Der preußische Staat zählte um jene Zeit wenigstens 180000 Männer im 21. Lebensjahr, von denen annähernd 50% nach der Militärstatistik dienstfähig waren,

wenn das Größenmaß nicht zu hoch bemessen wurde, und die Masse dieser Dienstfähigen wuchs durchschnittlich noch um jährlich 3000. Wenn nun aber von den Dienstfähigen beinah die Hälfte keinen Platz in dem Rahmen des Heeres finden konnte, so ging die allgemeine Wehrpflicht ihrem Untergang entgegen. Denn die schwerste aller persönlichen Pflichten wird von der Nation nur dann ertragen, wenn sie mit unerbittlicher Strenge und Gleichheit ohne Ansehen der Person gehandhabt wird. Unter den überzähligen Mannschaften konnte man nach feststehenden gesetzlichen Gründen auf ihre Unabkömmlichkeit als notwendige Leiter einer Wirtschaft, als einzige Söhne u. s. w. Rücksicht nehmen. Für die große Masse blieb aber nur der rohe Zufall des Looses übrig, der den Einen zu fünfjährigem Dienst in der Linie, zu siebenjährigem Dienst in der Landwehr ersten Aufgebots verpflichtete, den Anderen völlig frei ließ. Für die arbeitenden Klassen, die in dem Heerdienst keine Verschlechterung ihrer wirtschaftlichen Lage, wohl aber mancherlei körperliche und erziehliche Vorteile für ihren künftigen Beruf finden, mochte dies blinde Walten des Looses weniger bedeuten. Je höher hinauf aber die gewerbliche oder geistige Bildung der Volksschichten reicht, um so fühlbarer wird das Opfer, welches der Dienstpflichtige dem Staate zu bringen hat. Und gerade die Auffassung dieser Schichten der Gesellschaft mußte für oder wider die Aufrechterhaltung der allgemeinen Wehrpflicht in das Gewicht fallen. Man kam auf die Idee einer Ausgleichung der immer unerträglicher werdenden Ungleichheit durch Einführung einer Wehrsteuer für die dienstfrei Gebliebenen. Der Kriegsminister von Roon sprach sich einmal in einer längeren Unterhaltung darüber sehr beifällig aus unter Berufung auf die Autorität des sehr staatsklugen und erfahrenen belgischen Gesandten Herrn von Nothomb. Allein wir mußten uns doch gar bald darüber klar werden, daß diese Auswechselung der höchsten persönlichen Staatspflicht mit einer Geldleistung die moralische Bedeutung der Wehrpflicht herabdrücken, und zu bezahlten Stellvertretern zurückführen müßte. In gleichem Sinne hat sich später der deutsche Reichstag einstimmig ausgesprochen. Es zeigte sich kein anderer Ausweg als: Erweiterung des Rahmens der Armee.

2. Der zweite Übelstand machte sich fühlbar dahin, daß bei jeder Mobilmachung der Armee sogleich die ganze Landwehr ersten Aufgebots mit ins Feld rücken mußte. Die Einreihung der Landwehrbrigaden in den Verband der Divisionen, die seit der A. K. O. vom 22. Dezember 1819 in bester Absicht angeordnet war, nötigte zur Teilung aller Armeekorps, die immer nur mit der Hälfte ihrer Infanterie-Regimenter ausrücken konnten, wenn man die Landwehr vorläufig in zweiter Linie zurück zu halten versuchte. Bei der Mobilmachung von 1859 hatte man es als einen nahezu unleidlichen Zustand empfunden, daß mit der Mobilmachung eines Armeekorps die zur größeren Hälfte verheirateten Landwehrmänner, oft Familienväter mit drei und vier Kindern vor den Feind rücken sollten, während in demselben Aushebungsbezirk eine viel größere Zahl dienstfähiger junger Leute durch den Zufall des Looses dienstfrei zu Hause blieb.

3. Vom militärischen Interesse aus machte sich aber die massenhafte Heranziehung der Landwehr als ein schweres Bedenken geltend, da schon bei der Einziehung der älteren Jahrgänge der Landwehr nicht selten Unregelmäßigkeiten zur Erscheinung kamen, und da auch die in der Linie voll ausgebildeten Leute nach jahrelanger Entwöhnung vom Heerdienst im bürgerlichen Leben doch nicht sofort die volle Strammheit im Dienst wiederfanden. Ältere, mit der Führung von Landwehrbataillonen vertraute Offiziere bewahrten zwar ihr volles Vertrauen auf die Tüchtigkeit der Truppe, und einer der alten Landwehrmajore versicherte mir oft wiederholt, daß er mit seinem Landwehrbataillon trotz der vielen naseweisen Berliner darin „den Teufel aus der Hölle" holen wolle. Aber man war doch darüber einig, daß die Landwehrtruppe erst auf dem Marsche und nach mehrwöchentlicher Wiedereingewöhnung unter umsichtiger Behandlung sicher verwendbar werde. Eben für diese Behandlung hielt es aber schwer, den uniformierten Landwehrkompagnien die geeigneten

Offiziere und Unteroffiziere zu geben. Die Heerführung mußte daher mit Recht Bedenken tragen, die durch die Mobilmachung extemporierte Masse der Landwehren unmittelbar gegen den Feind zu führen, und dies Bedenken wuchs, je schneller in der neuen Kriegsführung die Mobilmachungen sich gestalten mußten, je entscheidender wenige Tage dabei ins Gewicht fallen, je massenhafter die neue Kriegsführung ihre Truppen ins Gefecht führt. Daher die zum Teil wohl begründeten Bedenken gegen die völlig gleiche Kriegstüchtigkeit der Landwehr. Der Gesichtspunkt, daß das durch Vervollkommnung der Gewehre herbeigeführte zerstreute Gefecht eine größere Beweglichkeit, feste Zusammengewöhnung und damit eine „Verjüngung" der Feldarmee ratsam mache, ist erst später zur Geltung gekommen. Bei dem Berufsoffizier tritt noch hinzu eine gewisse, in jedem Zweige des Staatslebens wiederkehrende Eifersucht des Berufsbeamten gegen den Ehrenbeamten, der aus dem bürgerlichen Leben heraus nur auf Zeit dieselben Ehrenpflichten zu erfüllen hat. Und bei jedem Streit über eine Heeresorganisation pflegen sich dann sehr zur Unzeit Stimmen von dieser Seite geltend zu machen, welche die Inferiorität der Landwehrtruppe in einer Weise aussprechen, die das Ehrgefühl der bürgerlichen Kreise reizen und in weitesten Kreisen das mit den ruhmreichen Erinnerungen der Landwehr verwachsene Nationalgefühl verletzen. In einer Zeit der Preßfreiheit ist es nicht leicht, solche Meinungsäußerungen im Zaum zu halten. Die unvermeidliche Folge dieser Lage war, daß die Streitfragen über die Organisation des Heeres sich alsbald verflochten mit einer im Volke sehr weit verbreiteten Meinung, daß es sich darum handele, das volkstümliche und volksbeliebte Landwehrinstitut nach einseitigen Ideen des Berufsmilitärstandes zu verdrängen oder umzugestalten.

Es war dies der Boden gegebener Verhältnisse, auf dem sich nunmehr der Verfassungsstreit entwickeln mußte.

VI.

Die Reorganisation der Armee von 1860/62.

Prinz Wilhelm hatte schon bei Antritt der Regentschaft, wie erwähnt, eine Verstärkung der Wehrkraft des Landes als ein Ziel seiner Bestrebungen angedeutet. Die Mobilmachung von 1859 auf Veranlassung einer wirklich drohenden Kriegsgefahr hatte die Mängel der bestehenden Grundeinrichtungen sehr fühlbar gemacht, namentlich den Mißstand, daß buchstäblich die Mobilmachung der bereitstehenden jüngeren Mannschaften warten sollte, bis der letzte Landwehrmann des ersten Aufgebots eingereiht war, vor allem auch in der Heranziehung der älteren, verheirateten Männer der Landwehr, während eine größere Zahl jüngerer, unverheirateter Männer in denselben Aushebungsbezirken sich vom Dienste freigeloost hatte.

Der italienische Krieg hatte damals der Staatsregierung die Veranlassung gegeben, mit Rücksicht auf die drohende europäische Lage einen Gesetzentwurf betreffend den außerordentlichen Geldbedarf der Militär- und Marineverwaltung einzubringen. Der Minister der auswärtigen Angelegenheiten führte am 5. Mai 1859 diese Forderung als eine Kreditbewilligung ein, um die durch Bundesbeschluß schon veranlaßte Marschbereitschaft von drei Armeekorps auf die übrigen sechs auszudehnen.

Diese Kosten sollten aus dem Staatsschatz und aus den verfügbaren Beständen der General-Staatskasse entnommen, bezw. durch eine Staatsanleihe bis zu 40 Millionen Thalern bestritten werden.

Die Vorlage wurde in den Kommissionsverhandlungen und in beiden Häusern des Landtags ohne grundsätzlichen Widerspruch genehmigt. Auch die spätere Denkschrift vom 24. März

1860 über die teilweise Verwendung dieses Kredits enthält keine Andeutung über weitergehende Pläne einer Reorganisation.

An die so gewährten Mittel knüpften sich aber in Wirklichkeit weitergehende Pläne einer Umgestaltung des Heeres. Gegen Ende des Jahres trat in Zusammenhang damit der Minister von Bonin ab und in seine Stelle der Kriegsminister von Roon.

In der nächstfolgenden Session am 9. Februar 1860 legte nun das Staatsministerium ein „Gesetz betreffend die Verpflichtung zum Kriegsdienst“ vor, dessen Grundzüge dahin gingen, die Dienstpflicht im stehenden Heere auf acht Jahre auszudehnen, von welchen die Infanterie drei Jahre, die Kavallerie vier Jahre bei den Fahnen sein sollte. Die Dienstzeit der Landwehr wird auf elf Jahre bemessen, ohne Unterscheidung eines ersten und zweiten Aufgebots. Die Landwehr soll überhaupt fortan „zunächst nur zur Verteidigung des Vaterlandes innerhalb der Landesgrenzen“ dienen.

In den Motiven wird zunächst hervorgehoben die Verkümmerung der allgemeinen Wehrpflicht. Das Verhältnis der zum wirklichen Dienst Herangezogenen sei im Verlauf der Zeit von etwa 40 % auf 26 % der Dienstpflichtigen herabgesunken. Das erste Aufgebot der Landwehr bestehe durchschnittlich zur Hälfte aus Familienvätern, das zweite Aufgebot zu $^5/_6$. Bei der letzten Mobilmachung seien allein in den Bezirken der fünf mobilisierten Armeekorps 55,277 Familien von Wehrmännern durch die Kommunen zu unterstützen gewesen.

Was die Dauer der Präsenzzeit bei den Fahnen betreffe, so sei im Jahre 1833 die zweijährige Dienstzeit nur aus finanziellen Rücksichten, und um eine verstärkte Rekrutierung zu ermöglichen, versuchsweise zugelassen. Die Erfahrungen der Jahre 1848—1850 haben dies als einen Fehlgriff dargestellt. Die zweijährige Dienstzeit lasse weder die regelmäßige Ergänzung des Unteroffizierkorps zu, noch sichere sie die mit einer Mobilmachung eintretende ungewöhnliche Augmentation dieser Charge. Die dreijährige Dienstzeit sei ferner notwendig, um den Truppenkörpern ein ausreichendes Material zu ihrer Formation zuzuführen, indem sonst die Zahl der Rekruten zu überwiegend, und das Bataillon nach Einziehung der Reserven ohne genügenden Halt sein würde. Dazu komme die notwendig gewordene, mehr individuelle Ausbildung des einzelnen Mannes, insbesondere die sehr erweiterten Schießübungen.

Getrennt von diesen „Grundzügen" wird sodann in den Motiven zu dem Gesetzentwurf betreffend die Feststellung eines Nachtrages zum Staatshaushaltsetat von 1860 der Plan entwickelt, nach welchem das Heer den obigen Grundsätzen gemäß umgeformt werden soll, und zwar dahin:

1. Die Zahl der Kadres, der Garde- und Linien-Infanterie des stehenden Heeres soll verdoppelt werden, jedoch unter Feststellung geringerer als der bisherigen Etats an Offizieren und Mannschaften für den Friedenspräsenzstand (zusammen 9 Garde- und 72 Linien-Regimenter = 243 Bataillone). Dagegen soll die Landwehr-Infanterie (= 116 Bataillone) „aus dem in erster Linie zu mobilisierenden Kriegsheer ausscheiden, mit schwachen Friedensstämmen und der vorzugsweisen Bestimmung, als Festungsbesatzungen zu dienen".
2. Es sollen 18 Kavallerie-Regimenter der stehenden Armee den bisherigen hinzutreten (zusammen 8 Garde- und 48 Linien-Kavallerie-Regimenter à 4 Schwadronen), dagegen sollen „die Stämme der Landwehr-Kavallerie wegfallen", ebenso die entsprechende Kriegsformation der Landwehr-Kavallerie, von der nur die zum Festungsdienst erforderlichen Formationen beizubehalten.

In der zur Prüfung niedergesetzten Kommission stießen indessen diese Vorschläge auf einen lebhaften Widerspruch. Als Schwerpunkt des Streits stellte sich heraus:

die beabsichtigte „Eliminierung" der Landwehr aus den Reihen der mobilen Feldarmee;

die Frage nach der Dauer der Dienstzeit bei den Fahnen, und sodann

die finanzielle Unausführbarkeit dieser Pläne.

In Erwägung dieser Gründe stellte die Kommission der Regierungsvorlage einen Gesetz-Entwurf entgegen, welcher

eine 6jährige Dienstzeit im stehenden Heere,
davon 2jährige Präsenzzeit der Infanterie bei den Fahnen,
3jährige Präsenzzeit in den übrigen Waffen,
6jährige Dienstzeit in der Landwehr I. Aufgebots,
7jährige Dienstzeit in der Landwehr II. Aufgebots,

annimmt, mit dem Zusatz:

„daß über die Grundsätze und über das Verfahren bei der Aushebung der jungen Mannschaften ein besonderes Rekrutierungsgesetz ergehen solle".

Da die Verhandlungen sich in die Länge zogen, beantragte am 5. Mai 1860 der Kriegsminister in der Weise eines Compromisses bei dem Hause:

„eine Ermächtigung zur Aufrechterhaltung und Vervollständigung der Maßregeln, welche für die fernere Kriegsbereitschaft und erhöhte Streitbarkeit des Heeres erforderlich und auf den bisherigen gesetzlichen Grundlagen thunlich wären."

Die Motivierung dieses Antrages enthält eine Reihe der allerbündigsten Zusicherungen gegen die Möglichkeit weiterer Konsequenzen.

Die Staatsregierung, heißt es darin, geht davon aus, daß in keiner Weise den künftig zu fassenden Beschlüssen präjudiziert werden soll und präjudiziert werden wird. Die Fragen, ob künftig eine zwei- oder dreijährige Dienstzeit stattfinden, ob die Zeit der Reserveverpflichtung ausgedehnt werden, in welche Stellung das Institut der Landwehr gebracht werden soll, — alle diese Fragen bleiben bei der jetzt gemachten Vorlage unberührt. Es wird ihnen in keiner Weise präjudiziert. Der Übergang zu dem künftig als normalmäßig hinzustellenden Zustand wird nach Ablauf des Provisoriums, für welches die Kgl. Staatsregierung Ihre Mitwirkung in Anspruch nimmt, ebenso zulässig sein, wie er in diesem Augenblick zulässig sein würde. — „Dieser (künftig) geregelte Zustand kann nur durch

Mitwirkung der Landesvertretung herbeigeführt werden; ohne ein Votum der Landesvertretung ist dies nicht möglich."

Der Finanzminister insbesondere fügt hinzu: „alle Einrichtungen sollen so getroffen werden, daß sie künftigen Beschlüssen nicht präjudizieren; versage künftigen Jahres das Haus die Mittel, so könne alles wieder reduziert werden."

Der Minister des Innern: „zwischen den Anträgen des Referenten und den Ansichten der Regierung bestehe ein materieller Unterschied nicht."

Der Minister v. Auerswald: „vollständig übereinstimmend" mit dem, was der Minister Freiherr v. Patow und Graf Schwerin gesagt. — Die Regierung werde nichts thun, was einer künftigen Einrichtung präjudiziere.

Der Kriegsminister v. Roon: „stimmt mit den anderen Ministern, namentlich dem Minister des Innern ganz überein."

In der Plenarversammlung apostrophierte der Berichterstatter Freiherr v. Vincke die Minister mit den starken Worten: „man müßte die Herren, die ich mir gegenüber zu sehen die Ehre habe, nicht für Ehrenmänner halten, wenn man zu den (von einer Seite gemachten) Konklusionen kommen wollte, daß es durch Annahme dieses Provisoriums unmöglich oder auch nur erschwert werden würde, auf eine andere Einrichtung der Armee zurückzukommen. — Es ist nie davon die Rede gewesen, in die Funktionen Sr. Königlichen Hoheit als des Oberbefehlshabers der Armee irgendwie einzugreifen. Dessen aber ist sich die Kommission ebenso vollständig bewußt geblieben, daß jede Position des Staatshaushaltsetats, also auch des Militäretats, der ausdrücklichen Bewilligung des hohen Hauses unterliegt, daß keine Ausgabe, es sei für irgend eine Organisation der Armee, die das Haus nicht gutgeheißen hat, gemacht werden kann, und daß eine Regierung, die dagegen handelt, sich einer Verfassungsverletzung schuldig macht."

Trotz aller Vorbehalte und Erklärungen war indessen im Laufe weniger Monate die Staatsregierung zu einer abweichenden Auffassung der Dinge gelangt. Die Session von 1861 wurde unmittelbar nach der Thronbesteigung des Königs Wilhelm am 14. Januar mit einer Thronrede eröffnet, in welcher, allerdings nur in allgemeinen Andeutungen, von einer Erweiterung der Wehrkraft gesprochen wird.

Von einer Gesetzesvorlage und dem Erfordernis einer gesetzlichen Regelung ist nun aber nicht weiter die Rede, sondern die Kosten der neuen Einrichtungen sind als gewöhnlicher Teil des Staatshaushalts in die Voranschläge aufgenommen, auf welche die Thronrede beide Häuser des Landtags lediglich verweist.

Das Haus der Abgeordneten beschloß indessen, den Militäretat dieses Jahres in einer besonderen Kommission beraten zu lassen, welche demnächst in zwei Berichten, 1. den Etat der laufenden Verwaltung, 2. den Etat „für die einstweilige Aufrechterhaltung und Vervollständigung der größeren Kriegsbereitschaft der Armee" gesondert vorberiet.

Es war bereits eine mißtrauische Stimmung im Kreise der Abgeordneten eingetreten, als am 4. Mai 1860 die Staatsregierung in der Weise eines Kompromisses einen Gesetzentwurf vorlegte, welcher in § 1 dahin lautet:

„Der Kriegsminister wird ermächtigt, zur Aufrechterhaltung und Vervollständigung derjenigen Maßnahmen, welche für die fernere Kriegsbereitschaft und erhöhte Streitbarkeit des Heeres erforderlich und auf den bisherigen gesetzlichen Grundlagen thunlich sind, außer den im gewöhnlichen Budget bewilligten Mitteln für die Zeit vom 1. Mai d. J. bis zum 30. Juni 1861 — 9 Millionen Thaler zu verwenden." (Es war hier ungefähr derselbe Weg eingeschlagen, auf dem in früheren Jahrhunderten die observanzmäßigen Steuern entstanden sind.) Die Regierung, heißt es in den Motiven, sehe die vorjährige Bewilligung allerdings nur als eine „provisorische" an, sie habe aber die Neubildungen, um sie wirklich lebensfähig zu machen, so schaffen müssen, als ob sie „dauernd" seien. Wenn man denselben, statt des nicht mehr passenden früheren Namens, einen anderen Namen gegeben habe, so sei dadurch in der Sache nichts geändert. Was die Frage nach der Füllung der neugebildeten Kadres für den Krieg anlange, so habe man sie im vorigen Jahre durch Verlängerung der Reservezeit lösen wollen. Die Regierung lege in diesem Jahre aus nahe liegenden Gründen ein besonderes Gesetz nicht vor, auch keine Novelle, weil sie mit dem Gesetz von 1814 auszureichen hoffe.

Die Regierung glaube durch § 15 jenes Gesetzes zu einem solchen Verfahren ermächtigt zu sein; das Staatsministerium sei nach reiflicher Erwägung und Einholung juristischer Gutachten, namentlich des Generalauditoriats, bei der gedachten Interpretation stehen geblieben.

In den Motiven war weiter offen ausgesprochen, daß die Staatsregierung eine Umgestaltung der Heeresverfassung nicht länger hinausschieben könne. Als der Zeitpunkt des Übergangs aus dem Zustande der Kriegsbereitschaft in die projektierte neue Heereseinrichtung sei der 1. Mai 1861 in Aussicht genommen, indem die Staatsregierung von der Voraussetzung ausgehe, daß bis dahin die Beratung der von ihr den beiden Häusern des Landtags vorzulegenden Gesetzentwürfe zum Abschluß gediehen sein werde. (Die Notwendigkeit eines Gesetzes über Verlängerung der Dienstzeit bei den Fahnen von fünf Jahren auf sieben Jahre (oder möglicherweise auch auf acht Jahre) wird hier noch vorausgesetzt, aber die Erwartung ausgesprochen, daß bis zum Mai 1861 ein Gesetz darüber mit Zustimmung des Landtages verabschiedet werden würde.)

Der Finanzminister gab in diesem Stadium folgende Erklärung ab: „eine budgetmäßige Bewilligung präjudiziere allerdings der Zukunft nicht. Im vorliegenden Falle befinde man sich aber vollendeten Thatsachen gegenüber. Der vorjährige Beschluß, durch welchen der extraordinäre Kredit bewilligt worden, habe einem solchen Vorgehen nicht entgegentreten wollen, da ja die Regierung vor seiner Fassung gesagt habe, sie verlange den Kredit auch zur F o r t b i l d u n g des Bestehenden.“

Bei der Beratung dieses außerordentlichen Kredits kam es bereits in der Kommission, noch mehr im Hause der Abgeordneten zu lebhaften Widersprüchen gegen den erkennbaren Reformplan.

Am lebhaftesten war der Widerspruch der Anhänger des Landwehrinstituts, die sich nicht von dem Gedanken trennen konnten, daß die Reorganisation aus den bekannten und oft genug unvorsichtig ausgesprochenen Vorurteilen des Berufssoldatentums gegen die Landwehr hervorgegangen sei. In noch weiteren Kreisen trat das bei allen Militärbewilligungen wiederkehrende Bedenken hervor, daß die schon jetzt drückende Heerlast für das Land unerschwinglich werden würde. Als solche exorbitante Erhöhung sah man die Erhaltungskosten der stehenden Armee von bisher durchschnittlich 25 Mill. Thal. um etwa 9 Mill. Thal. auch wohl in den weitesten Kreisen der Nation an. Unter lebhaften Diskussionen einigte man sich aber doch schließlich in dem Wunsch, die Entscheidung der sehr schweren Frage durch eine außerordentliche Bewilligung ein Jahr hinauszuschieben, und die gewaltige Autorität und Beredsamkeit des Berichterstatters Georg von Vincke brachte es zustande, daß die Vorlage in der Kommission einstimmig, im Abgeordnetenhause mit 315 Stimmen angenommen wurde. Mit nein stimmten nur die beiden Abgeordneten Senf und Natorp. Dementsprechend wurde denn in das Etatsjahr pro 1861 der Passus aufgenommen: „Einmalige außerordentliche Ausgaben zur Aufrechterhaltung der Kriegsbereitschaft des Heeres 3,611,410 Thal.

Die bereits klar vorliegende Unvereinbarkeit der beiden Standpunkte war somit noch einmal durch ein sogenanntes Interim zugedeckt.

Eine spätere Zeit hat diese Hinausschiebung der Hauptfragen als die Wurzel späterer Konflikte lebhaft getadelt.[5]) Allein bei einem Rückblick auf die Geschichte der alten Reichs- und Landstände müßte sich der Kritiker überzeugen, daß die Anwendung des Sprichworts: „Kommt Zeit, kommt Rat“ auf schwere Entschlüsse dieser Art doch nun einmal national ist. Man kann aus den Verhandlungen des weiland deutschen Reichstags dutzendweise die Parallelen finden, wo auch die hohen Reichsstände den Kriegsforderungen gegenüber immer am liebsten dilatorische Beschlüsse faßten. Die Tugend der Besonnenheit in diesem Nationalcharakter wird zu dem Fehler der Unentschlossenheit, wo man vor schweren Konflikten steht. Man wolle überdies die Lage der Majoritätsparteien im Hause erwägen. Sie standen immer noch einem Ministerium gegenüber, dessen Mehrzahl ihr volles Vertrauen besaß; sie waren noch von Dank erfüllt gegen die neue Richtung, die der Prinzregent der innern und auswärtigen Politik zu geben begonnen hatte. Die neue Ära war überhaupt eingetreten als Erlösung von dem schwer empfundenen Druck einer Parteiregierung. Man wollte solange wie möglich und bis an die Grenze des Möglichen einem offenen Widerspruch gegen die Pläne der Staatsregierung ausweichen. Der Beginn ernstlicher Mißhelligkeiten war indessen schon in diesen Verhandlungen erkennbar. Der Berichterstatter von Vincke geriet mit dem Minister in Streit wegen des erhobenen Vorwurfs einer „Ungeschicklichkeit", der Kriegsminister von Roon in eine Differenz mit dem Präsidenten des Hauses über die Frage, ob der Präsident einen Minister in der Rede unterbrechen dürfe oder ein Minister den Präsidenten. Man sah damals noch nicht voraus, daß diese Frage nicht lange nachher zu einer Auflösung des Hauses führen würde.

Es war aber schon damals erkennbar, daß die Frage der Verlängerung der Dienstpflicht um 2 Jahre, die Verdoppelung der Bataillone der Infanterie unter Beibehaltung der dreijährigen Dienstzeit bei den Fahnen und die Verkürzung der Landwehr ersten Aufgebots auf einen entschiedenen Widerspruch der Landesvertretung im Abgeordnetenhause stieß, und daß das bedenkliche Interim sich nicht länger fortsetzen ließ.

In der I. Legislaturperiode 1862 kam nun die Staatsregierung auf die event. vorbehaltene Novelle zu dem Gesetze vom 3. September 1814 zurück. Ein kurzer Gesetzentwurf vom 14. Januar 1862 enthält in 4 Paragraphen folgende Feststellung:

7jährige Dienstzeit im stehenden Heere;
davon 3 Jahre bei den Fahnen, 4 Jahre in der Reserve;
5 Jahre in der Landwehr I. Aufgebots;
4 Jahre in der Landwehr II. Aufgebots.

In der vom A.-H. niedergesetzten Kommission war man bis zum Abschluß der allgemeinen Diskussion angelangt, als die am 11. März 1862 erfolgte Auflösung des Hauses dazwischen trat.

Die durch den Hagenschen Antrag auf weitere Spezialisierung des Staatshaushalts veranlaßte Ministerkrisis führte zu einer Neubildung des Staatsministeriums unter Vorsitz des Fürsten zu Hohenlohe, jedoch unter Beibehaltung des Kriegsministers von Roon.

Im Verlauf des Jahres 1862 trat nun aber eine wachsende Verschlimmerung des beiderseitigen Verhältnisses ein. Der durchgreifende Ministerwechsel wurde von der öffentlichen Meinung mit Mißtrauen aufgenommen. Das bisherige Vertrauensverhältnis zwischen der Mehrzahl der Minister und der Mehrzahl der Abgeordneten hatte völlig aufgehört, und in den Neuwahlen zu dem Abgeordnetenhause war das Anwachsen einer Opposition über alles Erwarten hinaus erkennbar. Auf die Thronrede erwiderte das Haus der Abgeordneten in seiner Antwortadresse bezüglich der Militärfrage sehr vorsichtig:

„Es wird uns zur Genugthuung gereichen, die in der Armee getroffenen neuen Anordnungen als solche zu erkennen, welche sich *innerhalb der gesetzlichen Grundlagen unserer Heeresverfassung* bewegen.“

Die damit nicht übereinstimmenden Grundlagen waren jetzt offenkundig dargelegt. Unter dem feierlichsten Hof- und Militärzeremoniell waren die Fahnen der neuerrichteten Regimenter und Bataillone eingeweiht worden als symbolischer Ausdruck einer dauernden Umgestaltung des Heeres.

Was die gesetzlichen Grundlagen betraf, so erklärte nunmehr der Kriegsminister dem Hause, daß man den Gesetzentwurf zur Abänderung des Wehrgesetzes vom 3. September 1814 nicht noch einmal vorlege, da die Kriegsverwaltung sich für befugt halte, die Dienstzeit der Mannschaften von 5 auf 7 Jahre im stehenden Heer auch ohne ein neues Gesetz zu verlängern.

Was die Erweiterung des Rahmens der Armee durch die

Verdoppelung der Bataillone der Infanterie betreffe, so gehöre dieselbe zu den Prärogativen der Krone. Die Formation wie die Organisation der Armee sei lediglich Sache des Kriegsherrn.

Die Frage der Neubildung der Truppenkörper sei daher lediglich eine Frage des Budgets. Die Staatsregierung habe aber die dadurch entstandenen Mehrkosten in das Ordinarium des Budgets pro 1862 und 63 aufgenommen, weil sie zu den notwendigen Ausgaben gehören, weil die dazu erforderlichen Gelder für das Jahr 1862 bereits definitiv verausgabt und diese Verausgabungen nicht mehr rückgängig zu machen seien, und weil die Staatsregierung diese Erhöhung der Wehrkraft des Landes zur Aufrechthaltung der Sicherheit und der Stellung des Staats Preußen als Großmacht durchaus notwendig erachte.

Mit dieser Motivierung war die Staatsregierung in dem Entwurf des Etatsgesetzes zu dem Versuch von 1861 zurückgekehrt, die Mehrkosten der neuen Heereseinrichtung als Teil des gewöhnlichen Staatshaushalts dem Landtag vorzulegen. Der Streit über die Reorganisation trat damit wieder auf den Boden der Budgetbewilligung, und wurde diesmal der Vorberatung der zur Prüfung des Staatshaushaltsetats niedergesetzten Kommission überlassen.

Der Kommissionsbericht vom 2 September 1862 bemerkt zunächst als Abweichung von dem früheren Verfahren, daß, während im Etat pro 1861 noch bei den Spezialetats in der Kolonne „Bemerkungen" die Mehrkosten der Kriegsbereitschaft näher bezeichnet waren, in dem Etat pro 1862 diese Mehrkosten indistincte in den Etat der laufenden Verwaltung verschmolzen seien.

Die Kommission war der Ansicht, daß in allen bisherigen Gesetzvorlagen, Berichten, Denkschriften und Beschlüssen des Abgeordnetenhauses der bestimmte Ausdruck enthalten sei, daß es zur Reorganisation der Armee eines Gesetzes bedürfe, und daß die inzwischen stets fortgeschrittene Umwandlung des Heeres nur als in einem Provisorium beruhend betrachtet werden müsse, daß ferner alle in den Jahren 1860—61 von der Landesvertretung bewilligten Geldmittel nur als extraordinäre Zuschüsse angesehen und bezeichnet worden seien. Sie nahm daher einstimmig an, daß bei der Beratung des Etats die ganzen Mehrforderungen, welche aus dem Grunde der seit dem 1. Januar 1862 lediglich auf Verantwortung der Staatsregierung aufrecht erhaltenen Kriegsbereitschaft (Reorganisation) verlangt werden, von dem laufenden Friedensetat, wie sich derselbe zuletzt im Jahre 1860 herausgestellt habe, auszuscheiden seien.

Sodann stellt sich alsbald die einstimmige Ansicht der Kommission heraus, daß der vorgelegte Etat als Grundlage einer fortdauernden Bewilligung für die Armee ohne wesentliche prinzipielle Änderungen in keiner Art acceptiert werden könne, daß derselbe vielmehr mit einer gedeihlichen Entwicklung der Finanzlage des Staates durchaus unvereinbar sei. Vermöge des wesentlichen Rechts der Budgetbewilligung müsse das Abgeordnetenhaus darauf bestehen, vor der Bewilligung einer dauernden, alljährlich wiederkehrenden Ausgabe den derselben zu Grunde liegenden Plan in seinen einzelnen Teilen zu genehmigen. Man müsse sich also darauf beschränken, die auf den gegenwärtigen Organisationsplan gestützte Mehrforderung abzuweisen, und dann der Staatsregierung überlassen, ob sie selbst die Initiative zur Vorlegung eines anderweitigen finanziell haltbaren Planes innerhalb des Gesetzes vom Jahre 1814 oder innerhalb eines neu vereinbarten Gesetzes ergreifen wolle.

Ein dem entsprechender Beschluß des Hauses war sicher vorherzusehen. Aber noch einmal bewährte sich auch in leidenschaftlich aufgeregter Stimmung die Besonnenheit des deutschen Charakters in neuen Versuchen zur Vermeidung eines offenen Bruchs. Georg von Vincke beantragte, die im Ordinarium geforderten Ausgaben mit einigen Abzügen „als Extraordinarium zur ferneren provisorischen Aufrechterhaltung der gegenwärtigen Armeereorganisation“ zu genehmigen.

Ein anderes Amendement der Abgeordneten Stavenhagen, v. Sybel, Schubert und Twesten beantragte für den Etat von 1863 die Bewilligung der Kosten der Reorganisation unter der

Bedingung einer Verkürzung der Dienstzeit von 3 auf 2 Jahre. Dies Amendement, gestellt von hervorragenden Mitgliedern des linken Centrums und der Fortschrittspartei, enthielt eine Zustimmung zu der Aufrechterhaltung der neugebildeten Kadres bis zu der erwarteten Vereinbarung über eine Novelle zum Kriegsdienstgesetz und wird den Antragstellern unvergeßlich zur Ehre gereichen. Von anderer Seite war ein Antrag auf eine jährliche Präsenzzahl von 180,000 Mann gestellt, und das Staatsministerium war anscheinend nicht abgeneigt, auf Grundlage dieses Kompromisses weiter zu verhandeln.

Da trat eine Episode ein, von welcher der Schleier des Geheimnisses erst nach Jahrzehnten gelüftet worden ist, und die eine kurze Pause der Verhandlungen herbeiführte. Der Kriegsminister erklärte:

„Ich glaube, daß es sich empfehlen wird, späterhin über die Stellung der Regierung zu diesem Amendement eine bestimmte Erklärung abzugeben. Ich meine aber schon gegenwärtig mich beziehen zu können auf meine vorgestrige Erklärung, welche ausdrücklich darzuthun suchte, daß selbst, wenn eine Regierung auf eine weitere faktische Verkürzung der Dienstzeit eingehen wollte, sie doch Bedenken tragen müßte, dies in der Weise zu thun, wie das in den Kommissionsberatungen der Herren Stavenhagen u. s. w. ausgedrückt ist. Ich glaube, daß so mancherlei technische Erwägungen in medio sind, daß selbst für diesen Fall sehr gründlich und ernstlich an Kompensationen gedacht werden müßte, welche unerläßlich sein werden, wenn die Regierung mit Rücksicht auf die öffentliche Stimmung und mit Rücksicht auf die Stimmung in diesem Hause selbst zu einem solchen Schritt sich entschlösse. Ich muß mir also meine Erklärungen in dieser Beziehung vorbehalten.“

Noch einmal erschien die Möglichkeit einer friedlichen Beilegung, und in der gemäßigt liberalen Partei wurde diese „Episode“ mit einer freudigen Erwartung begrüßt. Die Beratungen der Budgetkommission über die Militärfrage wurden vertagt, um weitere Verhandlungen zu ermöglichen.

Nach der Wiederaufnahme der Verhandlungen beschwerte sich indessen der Kriegsminister darüber, daß er gedrängt werde, sofort positive Zugeständnisse in Betreff des Inhalts des künftigen Organisationsgesetzes zu machen, die er zu geben nicht imstande sei. Erst nach Jahren ist es in weiteren Kreisen bekannt geworden, daß es der Wille des Königs war, welcher das Eingehen auf Vergleichsverhandlungen auf der Basis der zweijährigen Dienstzeit bei den Fahnen unmöglich machte. In Ermangelung jeder weiteren Erklärung des Kriegsministers erachtete die Budgetkommission, daß kein weiterer Grund zur Unterbrechung der Beratungen vorliege, und es erfolgte darauf der Beschluß des Abgeordnetenhauses vom 23. September 1862, welcher die durch die Reorganisation, also die durch die Bildung der neuen Kadres entstandenen Mehrkosten in den betreffenden Etatstiteln nach eingehender Berechnung absonderte und seine Zustimmung zur Anerkennung dieser Mehrkosten in ordinario wie in extraordinario bei namentlicher Abstimmung mit 308 gegen 11 Stimmen nunmehr versagte.

Der offene Bruch zwischen Abgeordnetenhaus und Staatsregierung war damit erklärt.

VII.

Die Episode vom September 1862.

Während das Haus der Abgeordneten in hoher Aufregung inmitten dieser Verhandlungen stand, hat eine Episode stattgefunden, welche erst nach Jahrzehnten bekannt geworden. Die Verhandlungen des Staatsministeriums sind zwar verfassungsmäßig geheime Verhandlungen, nach Ablauf eines Menschenalters darf man solche aber wohl als der Geschichte angehörig ansehen, und ein sehr gewissenhafter Beamter, der damalige vortragende Rat im Staatsministerium (Präsident Hegel in den Erinnerungen aus seinem Leben S. 18) hat darüber folgendes berichtet:

„Ich war eines Tages in einer entscheidenden Conseilsitzung Zeuge des Kampfes, den der König für die Wohlfahrt des Landes in seiner Treue zu bestehen hatte. Im Abgeordneten-hause war von den Militärsachverständigen der liberalen Majorität, dem General a. D. Stavenhagen und Herrn v. Vaerst, als letzte Konzession ein Amendement zu den Festsetzungen im Staatshaushalt beantragt worden, über welches die Minister die Entscheidung des Königs einzuholen sich für verpflichtet hielten. Auf ihre Veranlassung wurde die Fortsetzung der parlamentarischen Verhandlung für den folgenden Tag ausgesetzt, und der König berief eine Conseilsitzung in seinem Palais. In dieser Konferenz sprach sich der Finanzminister v. d. Heydt für die Annahme des Stavenhagen'schen Amendements aus; es erschien ihm die Fortdauer des budgetlosen Zustandes gefährlich und für die Verwaltung unerträglich. Der Kriegsminister v. Roon, von dem unausgesetzten Kampfe ohne Aussicht eines anderen Ausgleiches ermüdet, hielt es für geraten, auf weitere Verhandlungen mit dem Abgeordneten-Hause einzugehen, und meinte, daß die Regierung die Anträge von Stavenhagen unter Bedingung von Kompensationen annehmen könnte. Die letzteren sollten vornehmlich bestehen in Vermehrung der Kapitulanten und Errichtung von stehenden Lagern ähnlich dem napoleonischen in Châlons. Als auch die übrigen Minister diesen Ansichten zustimmten, erhob sich der König und erklärte, daß er nach seiner festen Überzeugung und militärischen Erfahrung es mit Pflicht und Gewissen nicht vereinigen könne, auf die neue Organisation der Armee mit 3 jähriger Dienstzeit zu verzichten, und daß, wenn auch seine Minister ihn hierbei verließen, ihm nichts übrig bleibe, als auf der Stelle den Kronprinzen zu berufen, der zur Zeit in Süddeutschland verweilte. Derselbe möge und könne statt seiner die Regierung übernehmen und die neuen Vorschläge ausführen. Als der König sofort die Glocke ergreifen wollte, um dem Flügel-Adjutanten den Befehl zur Ausführung des Telegramms an den Kronprinzen zu erteilen, sprangen alle Minister auf und baten den König auf das dringendste, dies zu unterlassen. Sie erklärten einmütig, daß sie bis aufs Äußerste treu bei ihm ausharren und auch im Abgeordnetenhause seine Entscheidung unbedingt vertreten würden. Die Sitzung des Ministerconseils im Palais hatte den ganzen Vormittag über gedauert und wurde nach einer Pause zur weiteren Erwägung am Abend fortgesetzt. Zum Schluß wurde die am folgenden Tage vom Kriegsminister im Abgeordnetenhause abzugebende Erklärung vereinbart."

Niemand wird den damaligen Staatsministern die Anerkennung ihrer pflichttreuen Haltung und ihrer pflichttreuen Verschwiegenheit bis zum heutigen Tage versagen, und wenn dieser Hergang im Abgeordnetenhause auch nur einigermaßen bekannt gewesen wäre, würde die Stimmung der Opposition sich erheblich besänftigt haben.

Inzwischen hatte der König den von anderer Seite ergangenen Ratschlägen Gehör gegeben und sich entschlossen, den bisherigen Gesandten in Paris Otto v. Bismarck zu seinem höchsten Ratgeber zu berufen. Der Fürst-Reichskanzler hat in Privatgesprächen später diesen Hergang mehr oder weniger ausführlich erzählt, und da derselbe so weit zurückliegt, um der Geschichtschreibung anheimzufallen, so trage ich kein Bedenken, die ausführlichste Mitteilung wiederzugeben in einem Gespräch mit Dr. Blum, welche bereits mehrfach veröffentlicht ist.

„Als ich, aus Paris vom König berufen, am 19. September 1862 nach Berlin kam und Audienz bei ihm erlangte, da hatte er bereits seine Abdankung unterzeichnet! Die Urkunde lag vor ihm, als ich eintrat und er mir sein Ministerium anbot. Er war Willens, den Kronprinzen rufen zu lassen und die Abdankungsurkunde und die Regierung in dessen Hand zu legen, falls ich mich dem königlichen Rufe versagte! Ich aber sagte sofort zu. „Ja, wollen Sie denn auch gegen die Majorität des Landes Ihr Amt antreten und führen?" fragte mich der König. „Ja", erwiederte ich. „Und auch ohne Budget?" „Ja, Majestät". Nun zerriß er die Abdankungsurkunde und später auch ein Programm von 16 Seiten, welches er entworfen hatte, um meinem „Junkertum“ einige Zügel anzulegen, und war wieder voller Mut und Hoffnung. Aber ein vierzehntägiger Aufenthalt in Baden-Baden bei seiner Gemahlin veränderte seine Stimmung wieder durchaus. Er schrieb mir äußerst niedergeschlagen. Ich reiste ihm bis Jüterbog entgegen, dessen Bahnhof damals noch gar nicht fertig war. Als ich ankam, war Alles dunkel. Niemand wußte Bescheid, nicht einmal, ob der König komme. Ich setzte mich auf eine umgestülpte Karre und wartete auf den Zug, mit dem der König kommen wollte. Der Zug fuhr ein. Immer noch kein Licht. Ich lief den Zug entlang. Niemand wollte vom König wissen. Es war ein gewöhnlicher Zug — damals fuhr man noch nicht im Sonderzug, wie man's jetzt nennt, — endlich fand ich den König in einem Kupee erster Klasse. Er war fast noch gebeugter, nach den zwei Wochen in Baden-Baden, als zuvor. Seine Gemahlin hatte ihn beim Rüssel der Weltgeschichte gefaßt. Ich faßte ihn nun beim preußischen Portepee. „Ja, was soll denn werden?“ fragte er mich. „Ich sehe weit genug von meinem Schlosse, um auf dem Platz davor Ihr Haupt fallen zu sehen, und dann fällt das meinige.“ — „Nun, was mich betrifft, Majestät, kann ich mir denn einen schöneren Tod denken als diesen und den auf dem Schlachtfelde? Ich würde dann fallen wie Lord Strafford und Eure Majestät nicht wie ein Ludwig XVI., sondern wie ein Karl I. Das ist doch eine ganz anständige historische Figur.“ „Et après?“ fragte er „Würden Eure Majestät als Kompagnieführer denn Ihre Kompagnie im Gefecht im Stiche lassen wollen?“ fragte ich zurück. „Nein!“ rief er, gerade und fest aufspringend. Damit hatte ich ihn wiedergewonnen. Das preußische Portepee hatte gesiegt! — So ernst waren jene Tage, und so viel hat mein hoher Herr für die Grundlage der deutschen Wehrverfassung gewagt und gethan, die jetzt in Frage gestellt wird.“ —

Bei seinem Eintritt hat der interimistische Ministerpräsident den Versuch, eine vermittelnde Stellung einzunehmen, keineswegs unterlassen. Er lud die Führer der Alt-Liberalen zu sich, entwickelte ihnen seine Ansichten und bot ihnen einige Plätze im Kabinet an. Aber das unabänderliche Festhalten der Majorität an der zweijährigen Dienstzeit stand jedem Versuche der Art entgegen. Würden wir, äußerte Simson, Minister ohne diese Einräumung, so würden wir Offiziere ohne Soldaten darstellen. Unter Beibehaltung des Kriegsministers v. Roon erfolgte nunmehr eine andere Besetzung des Staatsministeriums und eine weitere Verschärfung der Gegensätze.

Die Lage des edlen, hoch gewissenhaften Herrn in dem Konflikt zwischen seinem Eide auf die Verfassung und seiner festen, wohlbegründeten Überzeugung von der Notwendigkeit seiner militärischen Schöpfung, und der tiefe Schmerz, als Dank für die Reihe der Wohlthaten, die er seit dem ersten Tage seiner Regentschaft seinem Volke erwiesen hatte, den schroffsten Widerspruch seiner Landesvertretung zu erfahren, hat ihn in jener Zeit keine Nacht ruhen lassen, wie er später dem Abgeordneten von Beckerath versicherte.

Noch in einem anderen Punkt war die öffentliche Meinung in einem Irrtum über die persönlichen Ansichten des Königs, — in der Voraussetzung, daß der Monarch ausschließliche Vorliebe für die Feldarmee und ein Vorurteil gegen die Landwehr gehegt habe. Seine jetzt bekannten Denkschriften ergeben, daß der Monarch für seine Person das Verhältnis des stehenden Heeres durchaus gerecht und frei von Vorurteilen ansah. Jetzt, ein Menschenalter später, sind uns aus seiner Denkschrift gegen die Beschlüsse der Frankfurter Nationalversammlung über die künftige Heeresorganisation diese Urteile bekannt, und ich kann mir nicht versagen, einige Sätze daraus zu wiederholen:

„Der Schöpfer dieser Verfassung, Kriegsminister v. Boyen, erkannte mit dem ihm eigentümlichen Blicke, daß eine beurlaubte Landwehr nur dann innern Halt und Kriegstüchtigkeit haben könne, wenn die Mannschaften eine so feste und gediegene erste Kriegserziehung erhalten hätten, die es möglich macht, daß jene zwei- bis dreimalige Einziehung auf 14 Tage hinreicht, um das Erlernte wieder aufzufrischen und zu verlebendigen.“

„Auch in den neuesten Tagen hat diese Landwehr Beweise ihrer Pflichttreue, ihres Gehorsams und ihrer Disziplin gegeben. Inmitten einer Krisis, wie sie so leicht kein Staat zu bestehen gehabt, gegenüber den Wühlereien, die kein Mittel unversucht ließen, um das Volk zum Abfall von seinem rechtmäßigen Monarchen zu verleiten, konnte der König von Preußen ihr vertrauen. Er ruft 50 Bataillone Landwehr aus dem Herzen seines Volkes zusammen, und wie mit einem Zauberschlage stehen diese 50 000 Mann unter Gewehr! Wahrlich, ein gleichehrendes Zeugnis sowohl für die Gesinnung des Volks als für die wahre Soldatenehre!"

Schwer vereinbar dagegen waren die Auffassungen des Königs über die zwei- und dreijährige Dienstzeit der Infanterie. Die königlichen Auffassungen kennen wir jetzt aus seiner nach dem schleswig-holsteinischen Feldzug verfaßten Denkschrift, namentlich in dem Passus, der von der Erziehung in den drei Dienstjahren handelt. Er geht dahin, daß die Masse des zu Erlernenden im ersten Dienstjahr den Rekruten zur Überzeugung von der Notwendigkeit des Erlernten noch nicht gelangen läßt, daß er erst im zweiten Jahre durch die Wiederholungen das in sich Aufgenommene zu verstehen und praktisch selbständig auszuführen beginnt. Aber „es ist noch lange nicht ein Soldat, der durch Beispiel überzeugend auf den Neuling wirken kann, und namentlich nicht, wenn er mit dem Ablaufe seines zweiten Dienstjahres das Ende seiner Dienstzeit erwartet, weil alsdann der Gedanke an seine immer näher rückende Entlassung nur zu rasch die Freudigkeit am Dienst erlahmen läßt. Erst im dritten Dienstjahr fühlt der Mann seine Überlegenheit über den neu eintretenden Ersatzmann, dem er nun nicht nur als Vorbild aufgestellt werden kann, sondern wo er auch selbst als Instruktor auftritt, indem er das Erlernte nicht nur vollständig in sich aufgenommen hat, sondern es auch andern mitzuteilen imstande ist; kurzum, er fühlt sich nun erst als Soldat dem Geist und der Fähigkeit nach. Nun erst fühlt er selbst, daß er nach längerer Entlassung imstande sein wird, das Erlernte sich rasch wieder anzueignen, wenn er nach der Reorganisationsbestimmung selbst erst nach 13, sonst nach 16 Jahren zum Dienst wieder herangezogen würde. Und nur mit einem Kern solcher durchgebildeten Soldaten kann man siegesgewiß in den Krieg ziehen. Denn dieser Kern besteht nach der neuen Organisation erstens aus den wieder einberufenen, völlig geschulten und daher sich rasch wieder eingewöhnenden Mannschaften im Alter von 24—27 Jahren; zweitens aus denen, welche im zweiten und dritten Dienstjahr sich befinden, die nach Vorstehendem bereits imstande sind, das Erlernte zu verwerten. Diese zwei Kategorien sind daher in der Lage, den letzt eingestellten, weniger ausgebildeten Ersatz mit sich fortzureißen; und in einem so tüchtigen Rahmen findet dann auch später der übereilt ausgebildete Kriegsrekrut einen sicheren Halt und wird durch das Beispiel seiner älteren Kameraden rasch kriegstüchtig. — Wenn man einen Stein aus dieser Gliederung entfernt, so muß das ganze Gebäude baufällig werden! Und man hat mehr als eine Armee zu Grunde gehen sehen, weil man aus Nebenrücksichten falschen Theorien huldigen zu müssen glaubte. Solche Irrtümer rächen sich im Kriege nur zu rasch."

In der Geschichte der Staaten ist wohl kaum ein Monarch in einer so festen Meinung von seinem guten Recht in Widerstreit mit seinen Ständen geraten, wie König Wilhelm in diesen Jahren. Auf seinem Arbeitstisch lag das Grundgesetz der Verfassung des Preußischen Heeres vom 3. September 1814, und tief eingeprägt hatten sich seinem Gedächtnis die monumentalen Worte des § 3:

Die Stärke des stehenden Heeres und der Landwehr wird nach den jedesmaligen Staatsverhältnissen bestimmt.

Dieser ein königliches Verordnungsrecht voraussetzende und enthaltende Satz war durch später in der Gesetzsammlung publizierte königliche Erlasse abgeändert, aber nicht ausdrücklich aufgehoben. Nur ein geschulter Jurist konnte indessen dies Verhältnis überzeugend nachweisen, und in den militärischen Umgebungen des Königs war sicherlich Niemand, der diese rechtliche Auffassung vertreten hätte.

Nach einer Unterbrechung durch diese maßgebende Episode darf ich nun zurückkehren zu der Stellung der beiden streitenden Teile zu der scheinbar unlösbaren Frage.

VIII.

Der Standpunkt der Landesvertretung.

Die überwältigende Mehrheit, mit welcher am 23. September 1862 die Heeresorganisation abgelehnt war, beruhte auf dem Zusammenwirken der beiden größten Fraktionen des Hauses.

Die gemäßigt liberale Partei (linkes Centrum, Bockum-Dolffs, 106 Mitglieder) war die Fortsetzung der früheren ministeriellen Partei, die sich beim Beginn des Konflikts von ihrem Führer, Georg v. Vincke, getrennt hatte. Sie widersprach der Neubildung, teils wegen Verkürzung der Landwehr, teils wegen des Widerspruchs gegen das Gesetz vom 3. September 1814 und gegen den gesetzlich feststehenden früheren Rahmen der Armee, teils wegen der hohen Finanzbelastung. Sie verlangte ein neues Organisationsgesetz in der Absicht, sich später auch in ihren Budgetbeschlüssen an die gesetzlich festgestellten Maßverhältnisse der Armee zu binden.

Die noch größere seit 1860 formierte Fortschrittspartei (150 Mitglieder und mehr) stellte in den Vordergrund das Budgetrecht, als ein unbeschränktes Recht der Bewilligung der Einnahmen und aller Ausgaben des Staats, sie hielt ein neues Gesetz über die Abänderung der Wehrpflicht ebenso für notwendig, hielt an dem Landwehrsystem fest, und schlug die finanzielle Belastung der neuen Einrichtungen wohl noch höher an, als das linke Centrum.

Beide Parteien hegten verschiedene Auffassungen über das Verhältnis von Gesetz und Budget, doch war auch das linke Centrum in dieser Beziehung geteilter Meinung.

Einig waren danach beide Teile, die Finanzmittel für die Armee in ihrem alten Rahmen unverkürzt zu bewilligen, die für die erweiterte Armee erforderlichen Mittel aber nicht zum dritten Mal provisorisch zu bewilligen.

Einig ebenso in der Forderung eines neuen verfassungsmäßigen Gesetzes und in der Forderung, die Dienstzeit der Infanterie bei den Fahnen auf 2 Jahre herabzusetzen.

Im Übrigen war man auf beiden Seiten nicht abgeneigt, eine Reihe von Vorteilen und Vorzügen der neuen Einrichtungen zur Schonung der Landwehr anzuerkennen.

In diesem Standpunkt hatte die Opposition unzweifelhaft die Stimmung des Landes für sich. Das an sich wenig bekannte, zum Teil aber unpopuläre Ministerium hatte durch eine Auflösung des Landtags zur Unzeit und durch eine etwas drastische Beeinflussung der Wahlen die Wählerversammlungen nur gereizt, wie dies in Deutschland der gewöhnliche Erfolg ist. Kein einziger der Minister hatte ein Mandat zum Abgeordnetenhause erlangen können. Die „altliberale" Partei und die katholische waren zu kleinen Gruppen herabgesunken. Im Gegensatz zu seinen Vorgängern galt dies Ministerium für entschieden „reaktionär". Die Interpretation, welche die Kriegsverwaltung den vorhandenen Gesetzen über die Heeresverfassung zu geben begonnen hatte, wollte niemanden recht überzeugen. Die Widersprüche des jetzigen Standpunkts mit früheren Erklärungen der Staatsregierung waren zum Teil augenfällig. Die ehemals ministerielle Partei stand unter dem Eindruck, daß sie einem System von Täuschungen gegenüberstehe. Den schlimmsten Eindruck machte der zuletzt eingenommene Standpunkt, daß das erforderliche Geld bewilligt werden müßte, weil die zeitige Verwaltung von der Notwendigkeit überzeugt sei. Man gestehe dem Landtage eine indirekte Einwirkung auf die Organisation und Formation der Armee zu, die an sich lediglich Sache des Kriegsherrn sei. Es sei dies die Bewilligung der Geldmittel im Staatshaushalt.

Diese indirekte Mitwirkung könne aber nicht versagt werden, denn gewiß sei die Erhaltung der Armee und zwar einer tüchtigen und schlagfertigen für Preußen eine innere Lebensnotwendigkeit. Unser Vaterland habe ein Recht auf eine starke und tüchtige Armee. Der Landtag habe die Mittel zu einer starken und kriegstüchtigen Armee bereits wiederholt bewilligt, und das dadurch Geschaffene könne nicht rückgängig gemacht werden, im Augenblick um so weniger, als die für das Jahr 1862 notwendigen Mittel zum größeren Teil schon verausgabt seien.

Diese Wendung der Frage mußte alsbald zu dem Brennpunkt des Widerspruchs werden, die Bestreitung eines Geldbewilligungsrechts, welches in der allgemeinen Meinung als Grund- und Eckstein jeder konstitutionellen Verfassung galt. Die Wahlkandidaten konnten jetzt, ohne eigentlich der Wahrheit zu nahe zu treten, den Wahlversammlungen das Programm des zeitigen Ministeriums dahin formulieren.

Der König könne aus höchster Machtvollkommenheit den Dienst der Landwehrmänner jeder Zeit im stehenden Heere verwenden, ohne daß es dazu eines neuen Gesetzes bedürfe.

Der König könne aus eigener Machtvollkommenheit die Wehrpflicht im stehenden Heere von 5 auf 7 Jahre verlängern, ohne daß es dazu eines Gesetzes bedürfe.

Der König könne aus eigener Machtvollkommenheit den bestehenden Truppenkörpern 120 Bataillone Infanterie, 18 Regimenter Kavallerie hinzufügen, oder wieviel mehr oder weniger formieren, ohne daß es dazu eines Gesetzes bedürfe.

Die Staatsregierung könne die Aufnahme der Mehrkosten dieser Neugestaltung als dauernde Last in das Ordinarium des Staatshaushalts aufnehmen, weil sie von der Notwendigkeit dieser Änderung für die Kriegsbereitschaft des Heeres und für das Wohl des Landes überzeugt sei.

Das Vertrauen auf die edle, großherzige Sinnesweise König Wilhelms hätte die Besorgnis vor einer ernsten Verfassungskrisis wohl fern halten können. Aber wer kannte damals den Charakter des Königs Wilhelm, sowie ihn die späteren Jahrzehnte seinem Volke gezeigt haben? Der pietätsvolle Sinn gegenüber seinem königlichen Bruder hatte den Prinzen zur äußersten Zurückhaltung veranlaßt, niemand wußte, wie er in der deutschen Frage, in der Affaire Olmütz und in zahlreichen anderen Situationen gedacht und gestimmt hatte. Das Volk sah in ihm nur den strengen, militärisch erzogenen Herrn, dessen letzte Ziele die Vermehrung der stehenden Armee, die einseitige Schätzung des Berufssoldatentums, die Vorliebe für das Militär seien. Die schönen zum Herzen dringenden Worte, mit denen er beim Antritt der Regentschaft sich an sein Volk gewandt und neue, volksbeliebte Minister ernannt hatte, waren in der öffentlichen Meinung nur zu schnell vergessen. Die Ideen des Landes waren wieder voll von der Furcht einer „Reaktion", an welche sich alle bösen Erinnerungen an die Jahre 1850—57 knüpften. Die in der Gesellschaft weitest verbreiteten und tiefst gewurzelten Ideen von der Unerschwinglichkeit der Heereslast und von dem Geldbewilligungsrecht der Stände trafen hier zusammen in einem Votum von 308 Stimmen gegen 11, im Grunde genommen aller Fraktionen des Hauses; denn in der Minorität befanden sich nur 11 Stimmen, die durch Lebensstellung und durch Pflichten des Amtes gebunden scheinen konnten, (5 Landräte, 1 Geheimer Regierungsrat, 1 Staatsanwalt, 1 Staatsminister a. D., 1 Erzpriester, 2 Rittergutsbesitzer.)

Meine politischen Freunde waren sich der Tragweite des Beschlusses wohl bewußt, ich persönlich um so mehr, als eine Vorberatung von mehr als 200 Mitgliedern des linken Centrums und der Fortschrittspartei unter meinem Vorsitz stattgefunden hatte. Ich beeilte mich daher in den nächstfolgenden 6 Tagen eine Flugschrift drucken zu lassen unter dem Titel:

„Die Lage der preußischen Heeresorganisation am 29. September 1862 von Dr. Rudolf Gneist, Abgeordnetem. (Berlin 1862.)

in der Absicht einer Rechtfertigung gegen unsere Wähler, noch mehr aber in der Absicht, die Wege anzudeuten, auf denen nach unserer Überzeugung eine Beilegung des Streits mit Ehren für beide Teile möglich erschien.

Meine Hoffnung ging dahin, daß es möglich sein werde, die Staatsregierung selbst zu überzeugen, daß die Sicherung der Armee durch ein Organisationsgesetz im dringendsten Interesse des Heeres selbst, im dringendsten Interesse der

Monarchie, eine Lebensfrage der monarchisch konstitutionellen Staatsform sei, und deshalb mit Geduld und einiger Nachgiebigkeit von beiden Seiten erreicht werden müsse. Diese Hoffnung hat sich auch endlich erfüllt. Aber in langsamer Bewegung, durch schwere Konflikte hindurchgehend, haben sich die Standpunkte so verschoben, daß der Standpunkt der damaligen Opposition im Wesentlichen der Standpunkt der deutschen Reichsregierung bis heute geworden ist. In altparlamentarischen Staaten ist diese Erscheinung eine alt-gewohnte, für unsere jüngere Erfahrung vielleicht noch etwas Auffallendes. Ich lasse daher (mit einigen Abkürzungen) die Ausführungen der Denkschrift von 1862 wörtlich folgen. Es heißt im Eingang:

„Die Hauptfrage bleibt ungelöst, solange sie sich nur um das Budget dreht. Die Schwierigkeit der Lage beider Teile hat sich aber 1860, 1861, 1862 in jeder Jahressitzung verdoppelt; sie würde sich weiter verdoppeln, wenn man einer grundsätzlichen Entscheidung (durch Vorlage eines Organisationsgesetzes) noch einmal aus dem Wege ginge.

„In allen monarchischen Staaten des Kontinents, absoluten wie konstitutionellen, ist die Organisation der Armee Sache des Kriegsherrn und der laufenden Verwaltung.

„Die Organisation umfaßt die Gesamtheit der Menschen- und Geldkraft und Ämter, welche den großen Außenrahmen der Armee bildet, — durch welche die Zwangsdienstpflicht des Volks für die Armee normiert wird.

„Ein Gesetz ist dafür nötig nach der Natur der Wehrpflicht. Die Gesamtzahl der zum Heere zu stellenden Mannschaften ist die höchste persönliche Leistung, welche in den europäischen Staaten vorkommt. Diese Menschensteuer ist die höchste Steuer, welche überhaupt in einem Gesamtposten entrichtet wird. — Preußen hat eben deshalb mit unerreichter Energie die allgemeine Wehrpflicht durchgeführt, um durch den höheren Wert des Menschen in der Armee den geringeren Geldbedarf zu ermöglichen. Diese Gesamtheit der Menschenleistung kann nur durch Gesetz bestimmt sein, denn ohne das wäre die Nation zu

„ungemessenen“ Diensten verurteilt. Wir wären nicht die Unterthanen unseres Königs, sondern Unterthänige. Eine verfassungsmäßig regierte Nation kann nur zu gesetzlich fixierten Gesamtleistungen verpflichtet sein.

„Es ergiebt sich daraus auch, daß die Frage nach der Stärke des Kontingents den Kammern nicht als bloße Budgetfrage vorgelegt werden darf. Der Staat kann 200 000 Mann für dasselbe Geld unter den Fahnen halten wie 150 000 Mann, — wenn Löhnung, Ernährung, Bekleidung und anderes so dürftig eingerichtet werden, daß das Geld für 200 000 ausreicht, und der einzelne Mann durch Sendungen von Hause und Nebenquellen das Fehlende sich beschaffen muß. Der Abzug von einem einzigen Groschen an der Löhnung des Mannes macht es möglich, 10 000 Mann mehr auf den Beinen zu halten.

„Die (jetzt erfolgte) Oktroyierung eines neuen, beinahe verdoppelten Rahmens der Armee ist im Jahre 1860 ermöglicht durch eine außerordentliche Kreditbewilligung in der Weise einer außerordentlichen Kriegsbereitschaft. Sie ist fortgeführt im 2. Jahr wie ein experimentaler Zustand auf Grund eines einmaligen bedingten Extraordinariums. Sie wird fortgeführt im 3. Jahr durch Untersteckung des oktroyierten Kontingentgesetzes in das Ordinarium des Militärbudgets. Und so gedenkt die Regierung fortzufahren. Sie glaubt den Bestand der Armee gesichert zu haben, da das Abgeordnetenhaus „verpflichtet“ sei, das erhöhte Budget als ein notwendiges zu bewilligen. Diese Behauptung einer Notwendigkeit und Verpflichtung ist eben das Absolutistische der Reorganisation. Eine rechtliche und dauernde Notwendigkeit im Staat entsteht nur durch verfassungsmäßiges Gesetz. Was jetzt dem Hause der Abgeordneten gegenübersteht, ist nur die zeitige Regierung Sr. Maj. des Königs. Die Überzeugung des zeitigen Kriegsministers kann keine Notwendigkeit für das Haus begründen, jeder spätere Kriegsminister, jedes spätere Ministerium würde dem Lande eine andere „Notwendigkeit“ auferlegen. Bald ein Mehr, bald ein Weniger. Es wäre damit ein Anerkenntnis für dies Budget, diese Session, dieses Abgeordnetenhaus gewonnen, nicht für ein folgendes Budget, für eine folgende Session, für ein folgendes Haus. Die zeitige Ministerverwaltung und das zeitige Abgeordnetenhaus würden die Armee in ihrem ganzen Bestande wie ein perpetuum mobile hin und her zerren; die Stimmungen des Hauses würden wie Ebbe und Flut über den spezialisierten Geldetat der Armee von Jahr zu Jahr hin und her gehen.

„Und eben daran tritt die zweiseitige Natur aller staatsrechtlichen Verhältnisse zur Evidenz hervor. Hätte die Staatsregierung nicht bloß rechtliche Gründe, den alten gesetzlichen Rahmen der Armee durch einen neuen gesetzlichen Rahmen zu ersetzen, so würden die dringendsten politischen Gründe zu demselben Resultat führen. Ist ein Organisationsgesetz schon rechtlich notwendig, so ist es politisch doppelt notwendig.

„Es giebt nur eine Armee in Europa, welche diesen Zustand der Ebbe und Flut zu ertragen vermag: das ist die englische, weil eine Armee von Soldmannschaften, und wegen der besonderen Lage des Landes. Hier ist die Armee allerdings eine jährliche Budgetfrage. Sie wird von Jahr zu Jahr durch ein Armeegesetz konstituiert, welches zwar der Form nach selbständig, der Sache nach ein Beiläufer der Budgetbewilligung ist, — eine große Parenthese im Jahres-Budget. Die Zustände, welche daraus hervorgehen, kann sich ein Kriegsminister leicht vergegenwärtigen; ich habe sie als abschreckendes Vorbild näher ausgeführt (Engl. Verf.-Recht I. S. 391—423, II. S. 940). Bei dieser Unterordnung der Armee unter das Budget wird der Kriegsminister zu einem zweiten Finanzminister, zu einer politischen Person, die vor Allem das „Vertrauen" des Hauses und möglichst wenig von einem Soldaten besitzen darf. Unter der einseitigen Anschauung des Budgets verkümmert jede persönliche Wehrpflicht. Alles Stetige und Zusammenhängende geht in dem Armeewesen verloren. Die Resultate zeigt der Krimkrieg.

„In den Staaten des Kontinents ist eine solche Stellung der Armee eine unmögliche, teils weil das Heer in ganz anderem Sinne zur Existenzfrage der Staaten geworden ist, teils weil das Konskriptions-System und noch viel mehr die allgemeine Dienstpflicht das Heer mit dem gesamten Staats- und Volksleben von unten herauf durchflechten. Der Versuch, die Existenz der Armee zu einer jährlichen Budgetfrage zu machen, würde unsere Staaten in einen chronischen Zustand des Schwankens zwischen Verfassungsbruch und Verkümmerung der Armee bringen. Die praktische Erfahrung hat daher in den konstitutionellen Staaten des Kontinents den richtigen Ausweg gefunden, das Organisationsgesetz (oder vielmehr in der Regel eine Mehrheit von Organisationsgesetzen) als Gelenkbänder zwischen die Kammern und die Armee zu schieben, und damit den notwendigen Schutz nach beiden Seiten hin zu gewinnen, vor Allem auch die Armee zu schützen gegen Eingriffe in ihre innere Formation, die durch die Budgetbewilligung von Seiten der Kammern aus drohen. Der Sinn der vielen hundert Gesetze, die in den konstitutionellen Staaten über Gegenstände erlassen werden, die ebenso gut den Etatsfestsetzungen überlassen werden könnten, ist eben der, diese Einrichtungen gegen die jährliche Anfechtung im Budget sicher zu stellen. Selbst das imperialistische Frankreich hat es für gut befunden, den älteren Organisationsgesetzen für die Armee noch manche neuere Spezialgesetze hinzuzufügen.

„Wenn allen diesen Grundsätzen widersprechend die preußische Staatsregierung ihre gesamten Militäreinrichtungen ohne gesetzliche Grundlage als „Verwaltungssache" der jährlichen Budgetberatung preisgiebt, so liegen dabei zunächst die Traditionen unserer Ministerdepartements im Hintergrunde. In einem Staat, dessen Regierung sich immer mehr in einzelne Verwaltungs-Departements auflöste, war es die leitende Maxime jedes Departements geworden, den Weg der Gesetzgebung zu vermeiden, so lange wie irgend möglich, und bis zur äußersten Grenze der Not sich lieber auf eigne Hand zu helfen, ehe man andere Departements oder gar den Staatsrat auf dem Wege der Gesetzgebung in die Interessen des Departements hineinreden ließ. Am meisten galt dies naturgemäß von dem bevorzugtesten der Departements. Diese traditionelle Maxime ist nun aber völlig unanwendbar und verderblich für den konstitutionell gewordenen Staat, der durch die Stellung der zweiten Kammer, insbesondere durch die Budgetbewilligung tief hineingreift in Alles, was nur Verwaltungssache ist.

„Allerdings ist der Inhalt des Organisationsgesetzes bisher noch sehr wenig präcisiert und scheinbar im Dunkeln geblieben. Es giebt Organisationsgesetze, die wie die oktroyierte Ordonnanz Ludwigs XVIII. vom Mai 1815 die gesamte Infanterie, Kavallerie, Artillerie in den minutiösesten Details der Formation fixieren. Die spätere konstitutionelle Gesetzgebung ist wohl mit Recht von diesen Details zurückgekommen, hat der Formation einen sehr breiten Spielraum gelassen, hat nur das Avancement der Armee, den Generalstab und andere spezielle Gebiete durch Gesetze fixiert, dagegen den Kammern das Recht zugestanden, von Jahr zu Jahr die Zahl des auszuhebenden Kontingents zu bestimmen. Ebenso verfährt das kaiserlich gewordene Frankreich.

„In Preußen wird die allseitige Erwägung unzweifelhaft zu der Überzeugung führen, daß eine jährlich wechselnde Bewilligung der auszuhebenden Kopfzahl mit dem Wesen der allgemeinen Wehrpflicht unvereinbar ist, und daß andererseits bei dem jetzigen Zustand der Armee ein breiterer Spielraum der Formation bleiben muß. Es wird sich auch hier bewähren, daß die altherkömmliche Weise, in welcher das Kontingentsgesetz unserer stehenden Armee gestaltet war, das unseren Verhältnissen entsprechende ist. Es würde dies dahin führen, an Stelle des alten gesetzlichen Rahmens einen neuen Rahmen der stehenden Armee in N. Armeekorps, N. Divisionen, N. Regimentern, N. Bataillonen u. s. w. zum permanenten Gesetz zu erheben.

„Es würde dann wieder nur der Rahmen festgestellt sein, welchen die Nation in alter Weise auszufüllen verpflichtet ist. Je magerer das Organisationsgesetz ausfällt, desto breiter bleibt der Spielraum der zeitigen Verwaltung, desto weiter aber auch die Einwirkung des Abgeordnetenhauses durch die jährliche Budgetberatung.

„Ob nun aber die Vereinbarung über ein solches Gesetz zwischen dem gegenwärtigen Ministerium und dem gegenwärtigen Hause praktisch möglich sein werde? — Diese Frage erledigt sich dadurch, daß das Notwendige immer auch das Mögliche ist. Der Bericht der Budgetkommission S. 19 und die Beratungen im Hause ergeben, daß über die sachlichen Voraussetzungen des Ganzen auf Übereinstimmung zu rechnen ist. Möglichste Erhöhung der Zahl der auszuhebenden Mannschaften gilt allen Seiten des Hauses für notwendig im Sinne der allgemeinen Wehrpflicht. Sie ist notwendige Forderung der Gerechtigkeit wie der Wehrhaftigkeit des Staats. Möglichste Verkürzung der Dienstzeit ist die finanzielle Konsequenz der stark erhöhten Aushebung. Thatsächliche Erleichterung der Landwehr ist die selbstverständliche Folge ihrer Wiederabtrennung von dem Rahmen des stehenden Heeres. Auch eine Vermehrung der Bataillone, soweit sie durch die Vermehrung der Bevölkerung bedingt ist und dem Maßstab einer zweijährigen Präsenzzeit entspricht, erscheint unverkennbar als die Ansicht einer Mehrheit des Hauses. Der entscheidende Streitpunkt ist offenbar nur die zweijährige Präsenzzeit bei den Fahnen.

„Ich vermag sehr wohl die Gewissensbedenken zu würdigen, welche die Armee in ihrer gegenwärtigen Gestalt mit einer zweijährigen Dienstzeit unseren kriegsgeübten Feinden nicht für gewachsen halten. Allein diesen gewissenhaften Bedenken stehen andere entgegen, welche wohl ebenso schwer und schwerer wiegen.

„1. Der preußische Staat ist jetzt in die lange vorbereitete Situation gedrängt, entweder die allgemeine Wehrpflicht oder die dreijährige Dienstzeit aufzugeben. Es wurden früher kaum 25 Prozent der zwanzigjährigen Bevölkerung wirklich ausgehoben. Jetzt ist von 40 Prozent die Rede, allein auch diese Zahl und Annahme ist völlig willkürlich. Unser Staat hat jährlich wenigstens 180,000 Männer im 21. Lebensjahre, und nach der Statistik der deutschen Staaten sind 50 Prozent dienstfähig, wenn das Größenmaß nach dem Bedürfnis bestimmt wird. Der Wert der menschlichen Arbeitskraft und die Preise der Dinge sind so gestiegen, daß die Kosten des Kopfes in der Armee nach dem früheren und selbst nach dem heutigen Maßstab nicht mehr zu halten sind. Jede Knickerei an der Löhnung und Ernährung ist ein schweres Unrecht gegen den Dienstpflichtigen, welcher dadurch doppelt beschwert wird. Jede willkürliche Verkleinerung des auszuhebenden Kontingents vermehrt das ungerechte Verhältnis zwischen den ausgehobenen und den freigelosten Mannschaften. Wir fallen damit in das Konskriptions-System zurück. Die schreienden Ungerechtigkeiten eines Konskriptions-Systems überhaupt, die das Napoleonische zu dem „code de l'enfer“ gemacht haben, wird ein preußischer Landesherr niemals auf sein Gewissen nehmen, nachdem die Nation ein halbes Jahrhundert das gerechte System willig übernommen und getragen hat. Ein Kriegsherr kann zweifelhaft sein in der Wahl zwischen allgemeiner Wehrpflicht und dreijähriger Dienstzeit: hier aber muß der preußische Landesherr entscheiden, ob Preußen einen Grundsatz opfern darf, der von seinem innersten Wesen, ja von seiner Existenz nicht mehr zu trennen ist.

„2. Auch wenn alle Bedenken gegen die Gestaltung der jetzigen Armee mit zweijähriger Dienstzeit wirklich begründet sind, so folgt noch nicht, daß die Zufügung eines dritten Jahrgangs gerade die einzige und gerade die ausreichende Hilfe ist. Auch der dritte Jahrgang bildet noch keine Berufssoldaten, so wie sie ein Volksheer zu seiner Ergänzung bedarf. Troupiers passen nicht zu dem Stoff, aus welchem unsere Armee gebildet ist, und schaden im Frieden mindestens ebenso viel, wie sie im Kriege nützen. Das massenhafte Element des Berufssoldatentums, dessen wir bedürfen, liegt in dem großen Korps der Unteroffiziere. Kapitulanten, welche sich dazu nicht unmittelbar eignen, verderben nur den Geist einer Truppe, welche die höheren und Mittelstände in sich enthält, und ziehen den Ton der Mannschaften herab.

„3. Das Bedenken, daß die einmal aufgehobene dreijährige Wehrpflicht sich nach den heutigen Anschauungen der Völker niemals wiederherstellen lasse, mag richtig sein. Allein es bedarf nicht einmal einer Aufhebung des § 6 des Ges. vom 3. September 1814. Die dreijährige Wehrpflicht des Einzelnen kann (wenn es durchaus so sein soll) stehen bleiben, daneben aber das Kontingentsgesetz den Rahmen der Armee auf zweijährige Präsenzzeit normieren. Dieser Zustand hat in Preußen über 20 Jahre bestanden, er würde den wirklichen Staatsinteressen, den wirtschaftlichen und finanziellen Anforderungen der Majorität vielleicht (?) genügen; er hat unter dem gerechtesten und soldatenfreundlichsten König lange Jahre bestanden. Es bliebe dann die Rückkehr zur dreijährigen Dienstzeit nach etwa gemachten schlimmen Erfahrungen ohne ein neues Wehrgesetz möglich.

„Der letzte Grund der Frage liegt von dieser Seite in dem Vertrauensvotum, ob das preußische Volk es überhaupt verdient, über eine Grundänderung seines wertvollsten Guts, der Heeresverfassung, zu Rate gezogen zu werden. Verständnis und Sinn für ihre Heeresverfassung hat doch gewiß die Nation, die einzig in Europa ihre Wehrpflicht persönlich erfüllt. Patriotischen Sinn für das Heerwesen darf man in einem Volke erwarten, welches 50 Jahre lang ohne Murren den persönlichen Wehrdienst getragen hat, obgleich ein sichtbares Ziel dafür fehlte. Der Sinn, der sich in solchen Leistungen ausspricht, bedeutet doch etwas anderes als servile Loyalitätsversicherungen. Die größten Feldherren Europas haben es nicht verschmäht, in und mit der gesetzgebenden Versammlung ihres Landes über die Organisation des Heeres zu beraten. Warum sollte es gerade bei uns anders sein?

„Und wenn schließlich über die Zeit der Wehrpflicht und über die Stellung der Landwehr keine Einigung der Gesetzgebung zu erzielen wäre: nun so bleibt es in Ermangelung eines neuen Gesetzes bei dem alten, bei den großen bewährten Grundsätzen einer ruhmvollen Zeit. In Allem aber, worüber die Vereinigung erreicht wird, hört der Handel auf, und hören die Händel auf zwischen Regierung und Volksvertretung".

(Unter der Voraussetzung, daß die Staatsregierung sich durch Gründe dieser Art bewegen ließ, dem Hause eine Vorlage über die neue Organisation der Armee zu machen, kam es nur noch darauf an, Vorschläge bezüglich des Übergangszustandes zu machen, welche dadurch notwendig wurden, daß eine regelrechte Budgetvorlage für 1862 nach Ablauf von 3 Quartalen nicht mehr möglich war, der Etat für 1863 aber auch nicht früher aufgestellt werden konnte, als eine Vereinbarung über das Gesetz stattgefunden hatte. Es heißt in dieser Beziehung weiter:)

„Für die Vergangenheit ist die bekannte konstitutionelle Weise die der sogenannten Indemnitätsbill, welche auf der Voraussetzung beruht, daß eine Regierung zwar ohne Gesetz und Budget, aber in gutem Glauben, in der Überzeugung, dem Bedürfnis des Landes gemäß zu handeln, vorgegangen ist.

„Für die nächste Zukunft giebt es im konstitutionellen Staat nur die Alternative, — den Zwischenzustand zu ordnen durch einen periodischen Supplementarkredit.

„Einen sehr nahe sich anschließenden Vorgang giebt dafür Belgien. Es handelte sich in jener Zeit um eine bedeutende Erhöhung des Militäretats, Erhöhung des Friedensstandes von 50 000 auf 80 000 Mann und anderes. Die Folge war, daß das ganze Budget illiquid und streitig wurde. In verständiger Erwägung der Bedürfnisse des Landes und der Armee ist dieser Streit in das Organisationsgesetz vom 19. Mai 1845 ausgelaufen. Was sollte nun aber geschehen, in der Zwischenzeit, da die Vereinbarung des Organisationsgesetzes sich über Jahr und Tag hinzog. In beiderseitigem Anerkenntnis, daß der streitige Status, der dort die ganze Armee umfaßte, nicht in die Form eines Budgets gebracht werden konnte, einigten sich Regierung und Kammern auf periodische Pauschquanta."

Noch heute wird dem Abgeordnetenhause von 1862 von mehr als einer Seite der Vorwurf gemacht, daß es aus mehr oder weniger kleinen juristischen Bedenken die politische Tragweite der damaligen Regierungsmaßregeln völlig verkannt, und in engherziger Rechthaberei die große Aufgabe der Verjüngung der deutschen Staatsverfassung in unbegreiflicher Kurzsichtigkeit nach allen Kräften gehemmt habe.

Wenn aber Politiker und Geschichtschreiber solche Vorwürfe immer wiederholen, so ist der betreffende Verfasser den Nachweis schuldig, woher ihm im September 1862 die Pläne der preußischen Regierung für die Begründung einer deutschen Reichsverfassung bekannt geworden sind, und worin diese Pläne im Herbst 1862 bestanden. Der damaligen Volksvertretung war nur bekannt, daß das Land beinahe 50 Jahre hindurch die Last der persönlichen Wehrpflicht getragen hatte, ohne daß die Armee die Gelegenheit gefunden hätte, zur nachhaltigen Förderung des Rechts und der Ehre der deutschen Nation irgend etwas zu thun oder zu schaffen. Noch stand in Erinnerung der trübselige Waffenstillstand von Malmö, das Gefecht bei Bronzell, das Zurückweichen von allen feierlich angekündigten Plänen für eine zeitgemäße deutsche Reichsverfassung, die Erinnerung an das Aufgeben aller Unionspläne, die demütigende Erinnerung an den Tag von Olmütz. Niemand wußte, wie mannhaft damals der Prinz-Thronfolger für die Aufnahme des Kampfes eingetreten war. Niemand kannte die eigentlichen Gründe der Demütigung von Olmütz. Die schmerzliche Erinnerung an das Scheitern aller deutschen Verfassungsversuche stand vielmehr im Vordergrund der politischen Betrachtungen der Zeit, in welcher der deutsche Nationalverein noch ernstlich um seine Duldung kämpfen mußte. Nach ihrer Kenntnis der Personen und Verhältnisse konnte die öffentliche Meinung in der Reorganisation nur eine technisch-militärische Maßregel sehen, deren Zweckmäßigkeit zwar die Mehrheit anerkannte, an der sie aber aus finanziellen und volkswirtschaftlichen Gründen erhebliche Änderungen für notwendig hielt.

Die Fragen, um die es sich damals handelte, waren von solcher Tragweite, daß die 308 Abgeordneten in Vertretung der wesentlichen Rechte des Landes nur ihre Schuldigkeit gethan haben. Eine gnädige Vorsehung hat über den Geschicken unseres Vaterlandes gewaltet, aber dies Gottesvertrauen setzt voraus, daß auch in dieser Nation jeder an seiner Stelle thue, was seine Pflicht ist.

IX.

Der Standpunkt der königlichen Staatsregierung.

Wird es uns nach dem Ablauf eines Menschenalters wohl leichter, den rechtlichen Standpunkt einer Landesvertretung zu würdigen, so muß eine rechtsgeschichtliche Betrachtung ebenso den Standpunkt würdigen, den ein edler, gerechter Monarch in der großen Streitfrage seiner Regierung einnehmen konnte.

Ich erinnere daran, wie absolute Herrscher im Lauf der Staatengeschichte sich niemals leicht in die Anforderungen einer veränderten Verfassung gefunden haben (wie in England Eduard I.), und wie erst am Schluß der Regierung Eduards III. der Grundsatz zur ausdrücklichen Anerkennung gelangt, daß der legitime Herrscher nicht nur durch seine Justizgesetze, sondern auch durch seine Verwaltungsgesetze sich selbst für gebunden erklärt.

Es handelt sich dabei um sehr alte Rechtsanschauungen des deutschen Königtums, die nicht nur in Symbolen und Zeremonien, sondern auch in der Sinnesweise eines gewissenhaften Herrschers länger fortwirken, als der Außenstehende glaubt.

Erst an den Konsequenzen und unvermeidlich entstehenden Streitpunkten kommt es zum Bewußtsein, daß ein Monarch seine Verordnungen nicht durch die Zustimmung der Stände verstärken kann, ohne sich auch in der Abänderung oder Aufhebung derselben an die Zustimmung zu binden, und daß umgekehrt die Stände sich nicht *dauernd* an gesetzliche Ordnungen gebunden erachten, wenn der Monarch selbst sich nicht daran gebunden hält.

Der Staat Preußen war nun aber seit dem großen Kurfürsten im vorzüglichen Sinne die Schöpfung seiner Herrscher. Sie hatten mit unübertroffener Energie und Pflichttreue begonnen, aus den Bruchstücken des zerfallenden deutschen Reichs die preußischen „Staaten“ zu bilden, und aus diesen „Staaten“ den preußischen Staat. In den Nachfolgern Friedrichs des Großen lebte daher begreiflich ein erhöhtes Gefühl ihrer königlichen Pflichten und ihres königlichen Berufs.

Vor allem aber war die Schöpfung des preußischen Heeres ausschließlich das Werk seiner Monarchen. Der große Kurfürst hatte zuerst (unter unsäglichen Schwierigkeiten) eine stehende Armee in das bürgerliche Leben der Nation eingefügt, Friedrich Wilhelm I. ein neues Kantonsystem, Friedrich Wilhelm III. die allgemeine Wehrpflicht unter Beirat der besten Männer seines Volks und unter Zustimmung einer pflichtgewohnten Bevölkerung geschaffen. Die Landstände waren in Preußen niemals eine Förderung, zu allen Zeiten aber ein Hindernis der Verbesserung des Heerwesens gewesen. Es ist daher wohl natürlich, daß die Hohenzollern das gesamte Armeewesen als ihre königliche Prärogative ansahen, und als der Kanzler Fürst Hardenberg seinem Könige die Entwürfe zu einer preußischen Nationalrepräsentation vorlegte, die Militärangelegenheiten ebenso wie die Auswärtigen von einer Mitwirkung der Stände ausdrücklich ausgenommen waren. Der Kanzler wußte sehr wohl, daß an diesem Punkte jeder Entwurf hätte scheitern müssen. Ebenso hat König Friedrich Wilhelm IV. in seinen Verfassungsideen einer Mitwirkung der Stände in Angelegenheit des Heeres niemals einen Platz eingeräumt.

Es ist daher wohl verständlich, daß der Prinzregent und König Wilhelm von Hause aus nie daran gedacht hatte, sich in den Einrichtungen seines Heeres an eine Mitbeschließung seines Landtags zu binden. Er mußte anerkennen, daß bei einer Feststellung des Staatshaushalts eine Mitwirkung der Stände verfassungsmäßig zugesichert war, aber er sah die Organisation des Heeres als die höhere Seite der Frage an, für welche das Budget nur Mittel zum Zweck, und er glaubte der Zukunft gewiß zu sein, daß eine patriotische pflichttreue Nation auch die für die Kampfbereitschaft des Heeres notwendigen Mittel nicht versagen werde.

Allerdings war die Aushebung, Bekleidung, Ernährung, Unterbringung eines stehenden Heeres eine Angelegenheit, die überall in die wirtschaftlichen und rechtlichen Verhältnisse der Nation, vor allem auch in die polizeiliche Ordnung des Staats so tief eingriff, daß sie der vielseitigsten Beratung mit den Ministerien der Finanzen und des Innern bedurfte, und dies war auch im Verlauf der preußischen Staatsregierung im vollsten Maße geschehen. Der große Kurfürst hatte nach Anhörung der hervorragenden Männer seines geheimen Staatsrates seine stehende Armee in das bürgerliche Leben eingefügt, Friedrich Wilhelm I. hatte seine Kantonreglements in stetiger persönlicher Beratung mit der Generalabteilung seines Generaldirektoriums erlassen. Friedrich Wilhelm III. hatte, unter dem beherrschenden Einflusse des Kanzlers Hardenberg, Scharnhorst und demnächst namentlich Boyen und Schuckmann zu Rat gezogen, und sich erst nach eingehender Prüfung selbst schlüssig gemacht.

Seit der zweiten Hälfte der Regierung Friedrich Wilhelms III. war nun aber ein Geschäftsgang in der preußischen Central-Verwaltung eingetreten, der für den Verlauf dieser Angelegenheit von großer Bedeutung wurde. Seit 1808 war die kollegialische Form der obersten Kriegsverwaltung, seit 1820 und schon etwas früher die zusammenfassende Stellung des Fürsten Staatskanzlers weggefallen. Die jetzt rein büreaukratische Gestalt der einzelnen Ministerien stand in Gefahr, zu einer Isolierung der Departements zu führen. Die Justiciarien in den Ministerial-Departements waren doch nur Organe mit beratender Stimme. Unter den Ministern selbst sollte zwar das „Staatsministerium" in Gestalt eines Verwaltungskollegiums zur Ausgleichung widerstreitender Departementsansichten dienen. Ob aber neben dem Kriegsminister die beteiligten Minister der Civilverwaltung mit ihren staatsrechtlichen und staatswirtschaftlichen Gesichtspunkten gegen die technisch militärischen Gesichtspunkte eines Kriegsministers zur vollen Geltung kamen, hing mehr oder weniger von den Persönlichkeiten ab, die sich zur Zeit im Amt befanden. Während die französische Staatsverfassung unter allem Wechsel der Regierungsformen einen Staatsrat zur Rechtskontrolle der Ministerverwaltung beibehalten hatte, während die englische Verfassung die Ministerverwaltung unter eine durchgreifende Rechtskontrolle einer Verwaltungsrechtsprechung stellt, bestand die preußische Ministerverwaltung ohne jede Rechtskontrolle, und bei einem Widerspruch der militärischen und der rechtlichen Gesichtspunkte einer Maßregel konnte nur der König persönlich entscheiden. Es war bei dieser Lage der Dinge immer mehr üblich geworden, den Weg der Gesetzgebung zu vermeiden und bis zur Grenze des Möglichen sich in jedem Departement auf eigene Hand zu helfen. Selbst im Justizministerium gewöhnte man sich immer mehr daran, wichtige Grundsätze des Privatrechts und Prozesses durch Kabinetsordres einführen zu lassen, die der Justizminister aus seinem Departement extrahierte. Am meisten galt dies naturgemäß von den bevorzugtesten aller Departements, dem militärischen.

Unter Friedrich Wilhelm IV. hatte sich dieser Geschäftsgang fortgesetzt. Der Prinzregent fand denselben vor. Auf diesem gewohnheitsmäßigen Gange der Dinge beruhte seine rechtschaffene feste Überzeugung, daß die jetzt in Frage stehende Verbesserung der Heeresorganisation ausschließlich zu seiner königlichen Prärogative gehöre. In der Zeit der Regentschaft, in der ich den Vorzug hatte, zeitweise zu den kleineren wöchentlichen Abendgesellschaften zugezogen zu werden, habe ich den Eindruck gewonnen, wie es der Regent als unzweifelhaft ansah, daß allerdings die persönliche Wehrpflicht nur durch ein förmliches Gesetz eingeführt, wie namentlich eine dreijährige Dienstzeit in eine vierjährige (wie dies bei der Kavallerie eine Zeit lang beabsichtigt wurde) nur durch Gesetz geändert werden könne. Das Wort Organisation aber verstand er, ebenso wie dies bei den Verwaltungsbeamten sich als Sprachgebrauch fest eingewöhnt hat, von jeder Abänderung in dem einen Rahmen eines Verwaltungszweiges, also beispielsweise auch von einer Vermehrung der Kadres der Armee. Über seine Befugnis, den Friedensstand des Heeres alljährlich festzustellen, konnte ihm kein

Zweifel entstehen angesichts des § 3 des Gesetzes vom 3. September 1814.

Die Verantwortlichkeit für Maßregeln derart ruhte auch im absoluten Staat zunächst auf den höchsten Ratgebern der Krone. Das Berufsbeamtentum aber, welches im absoluten Staat zur regierenden Klasse wird, unterliegt in seiner Fortentwicklung der Neigung zum Partikularismus nicht viel weniger als andere Stände. Im Beamtenleben entsteht daraus die departementale Ausschließlichkeit und der Departements-Patriotismus, der eifersüchtig über seinen Grenzpfählen wacht. Im Kriegsministerium war man seit einem halben Jahrhundert gewöhnt, die ganze Verwaltung zunächst durch Korrespondenz mit dem König und durch extrahierte Kabinetsordres zu führen, sodaß man in der langen Reihe der königlichen Ordres leicht übersehen konnte, ob sich darunter die eine oder die andere befand, die durch ihren Inhalt und ihre Verkündung in der Gesetzsammlung als dauernde Institution gemeint war. Es kam dazu noch, daß selbst das umfangreiche Edikt über die Landwehr von 1815 eine Reihe von speziellen Vorschriften enthielt über Formationen, die wohl von Hause aus nur reglementarisch gemeint waren, und im Verlauf der Zeit durch Reglements vielfach abgeändert wurden. Im absoluten Staat finden sich auch in den publizierten Gesetzen solche Einschaltungen reglementarischer Bestimmungen, die daraus hervorgehen, daß der absolute Herrscher es nicht für notwendig findet, sachlich zusammengehörige Materien durch eine zwiefache Ordre zu normieren.

Als in den späteren Verhandlungen der Militärkommission und in den Verhandlungen des Hauses ich als Berichterstatter den gewagten Auslegungen des Kriegsministers mehr als einmal entgegenhalten mußte, warum denn niemals ein rechtsverständiges Mitglied des Staatsministeriums oder ein rechtsverständiger Beirat des Kriegsministers sich vernehmen lasse, wurde niemals darauf eine Antwort gegeben. Die Souveränetät der Departements in dieser Staatsverwaltung hatte stillschweigend dahin geführt, daß jeder Verwaltungschef die Auslegung der

Gesetze seines Departements wie eine jurisdiction attributive ansah, und ein Kriegsminister brachte dazu naturgemäß auch noch die schneidige Gewohnheit aus seiner Kommandostellung mit. Auch von dieser Seite aus ist dem König daher niemals ein Zweifel an seinem guten Rechte entgegengebracht worden.

Der Fürst-Reichskanzler hat in seiner schwer verantwortlichen Stellung den Departementsgeist der preußischen Staatsverwaltung oft als sehr lästig empfunden und verspottet: aber zur vollen Ausfüllung der hier vorhandenen Lücke im konstitutionellen Staatsbau ist es bis heute nicht gekommen, und es ist nicht unmöglich, daß dies Departementssystem uns noch einmal in ernste Konflikte verwickeln kann, da weder unser Beamtentum noch unsere öffentliche Meinung sich überzeugen wollen, daß die Staatsverwaltung wechselnden Kammern gegenüber einer stetigeren, einheitlichen Formation als Rückgrat der Monarchie bedarf.

Wenn die Opposition dabei durch kühne, mit militärischer Zuversichtlichkeit geltend gemachte Gesetzauslegungen sich oft gereizt fand, so können wir nach dem Verlauf des Streits heute wohl anerkennen, daß Herr v. Roon bei den Maßregeln der Reorganisation in seinem vollen Departementsrecht zu sein glaubte, und daß er bei später etwa entstehenden Zweifeln sich durch gegebenes Wort und militärische Ehre gebunden glaubte, seinen Posten zu verteidigen, und es bedarf zur Steuer der Wahrheit schließlich der Anerkennung, daß es sich hier um einen Fehler der Arbeitsteilung handelte, welcher ebenso das Civilbeamtentum [6]), wie die Kriegsverwaltung betraf. Preußen war der einzige konstitutionelle Großstaat, der eine Einwirkung von gewählten Landesvertretungen auf die Staatsregierung eingeführt hatte, ohne irgend eine Rechtskontrolle der Ministerverwaltung. Ich möchte in einem kurzen Rückblick an die Entstehung dieses Verhältnisses erinnern.

Man hatte 1808 den kollegialischen Staatsrat aufgelöst, um ein büreaukratisch gestaltetes Ministerium zur energischen Durchführung großer Reformgesetze instand zu setzen. Man hatte sich dabei auf die Rechtschaffenheit des Beamtenstandes verlassen und war darin nicht getäuscht worden. Die Ministerdepartements fanden sich bereits in einem festen Besitzstand, als 1817 nachträglich ein kollegialischer Staatsrat wieder hergestellt wurde, die Minister waren aber im Wesentlichen einig, durch eine solche Körperschaft ihre Stellung als Verwaltungschefs nicht verkürzen zu lassen, und die streitigen Angelegenheiten ihres Departements ihrer ausschließlichen persönlichen Entscheidung vorzubehalten.

Als nun aber seit 1848 eine gewählte Volksvertretung in zwei Kammern der ministeriellen Verwaltung gegenübertrat, und unvermeidlich der Einfluß von Parteiinteressen sich in den Einzeldepartements geltend machte, besonders der Einfluß der „politischen Freunde" der zeitigen Minister, da hatte man wohl gefühlt, daß es einer Rechtskontrolle bedürfe. Es war dafür der Verfassungsartikel von der Verantwortlichkeit der Minister aufgenommen, aber nicht ausgeführt. So entstand nun eben die Preußen eigentümliche Verfassung, daß jeder Minister in seinem Departement endgiltig die Verwaltungsgesetze auslegt, die zur Begrenzung seiner amtlichen Befugnisse bestimmt sind, — eine Art Gewissensehe zwischen den Ministern und den Landesgesetzen, bei der man aber doch wieder daran denkt, daß die Minister nicht nur dem König, sondern auch der Landesvertretung „verantwortlich" sein sollten. Es war das eine Zumutung an den Beamtenstand, der zu genügen der beste Teil des Beamtentums wohl redlich bemüht war, aber eine Aufgabe, die mit menschlichen Kräften doch nicht zu erfüllen war, wie sich bald nach 1849 ergab. Dennoch wollte die herrschende Meinung einerseits einen kollegialischen Staatsrat nicht aufkommen lassen, andrerseits konnte man sich über ein Verantwortlichkeitsgesetz nicht einigen, als von einem liberalen Ministerium ein solches vorgelegt wurde.

Auch noch heute scheint die öffentliche Meinung in der Ministerverwaltung wie in dem Landtag dahin zu neigen, einen Staatsrat zwar dem Namen nach zu dulden, aber zu keiner kontinuierlichen Thätigkeit und Verbindung mit der Ministerverwaltung kommen zu lassen, ohne welche er nichts zu leisten vermag.

Man kann daher wohl sagen, der Konflikt entstand in Preußen aus einer persönlichen Überzeugung des Monarchen in Verbindung mit dem eigentümlichen Departementssystem, und der Konflikt setzte sich nun so fort, daß in der Regel ein Departementschef die Auslegung der Finanzgesetze auf sich nahm, der andere die Auslegung der Militärverwaltungsgesetze, — zuweilen abweichend von einander, in entscheidenden Momenten aber doch zusammenwirkend. Dem Außenstehenden war dies Verhältnis so unverständlich, daß unser rechtschaffen verwalteter Staat, seiner Grundlegung und Handhabung nach ein wirklicher „Rechtsstaat", dem Ausland als ein schrankenlos administrierter Polizeistaat galt, und daß erst nach geschärften Konflikten eine Ausfüllung der fühlbarsten Lücken erfolgt ist durch die Einführung einer sehr umfassenden Verwaltungsjurisdiktion.

Der schließlich ehrenvolle Ausgang des Streits beruhte auch von dieser Seite aus darauf, daß die höchsten Organe der Staatsregierung in gutem Glauben ihre Amtspflicht zu erfüllen meinten.

Zunächst aber hat der Widerstreit sich noch verschärft, um in einem desto höheren Ziele zuletzt seine Vereinigung zu finden.

X.

Die Schärfung der Gegensätze.

Den Eindruck des Ministerwechsels mit dem Namen Bismarck schildert unser deutscher Geschichtschreiber mitten aus der Reihe der damaligen Abgeordneten heraus (Die Begründung des Deutschen Reiches von H. v. Sybel, II 439) wie folgt:

„Wie viele Menschen wußten etwas von Bismarcks innerer Entwicklung seit 1851? Alle Welt kannte in ihm den keckſten Vorkämpfer der feudalen Partei, den Gegner alles liberalen

Strebens, den Redner, der alle großen Städte vom Erdboden hatte vertilgen wollen, der den Liberalen den drohenden Zuruf entgegen geschleudert hatte, das stolze Roß Borussia werde die parlamentarischen Sonntagsreiter in den Sand setzen. Sein Name steigerte die Aufregung der Gemüter in das Grenzenlose. Jetzt sei der letzte Schleier zerrissen; dieser märkische Junker der schon den ersten Schritten zur Verfassung widersprochen, der in Erfurt sich gegen die deutsche Einheit erhoben, der die ehrlose Olmützer Politik verteidigt habe, habe sich jetzt von Napoleon in den Künsten des Staatsstreichs unterrichten lassen."

Indessen sollte sich auch an dem größten Staatsmann der Zeit die erziehliche Kraft der Konflikte bewähren, die er im stärksten Maße im deutschen Bundestage, in Petersburg und Paris durchlebt hatte.

Nachdem ihn der König vertrauensvoll als Leiter des Staatsministeriums angenommen hatte, nahm zunächst die Behandlung des Staatshaushaltsetats folgenden Gang. Der Entwurf des Etats für 1863 wurde zurückgezogen, der Etat für 1862 in der verkürzten Gestalt nach Streichung der Mehrausgaben der Reorganisation dagegen ging an das Herrenhaus zur verfassungsmäßigen Beschlußnahme. Das Herrenhaus, das bei uns nach englischem Vorbild nur den Etat im Ganzen annehmen oder ablehnen kann, faßte am 11. Oktober 1862 den Beschluß: den Gesetzentwurf in derjenigen Fassung, in welcher derselbe aus den Beratungen des Hauses der Abgeordneten hervorgegangen ist, abzulehnen; — dagegen denselben Gesetzentwurf, wie derselbe von der Kgl. Staatsregierung den beiden Häusern des Landtags zur verfassungsmäßigen Beschlußnahme vorgelegt ist, anzunehmen. —

Wogegen die Budgetkommission des Abgeordnetenhauses erklärte, daß der zweite Beschluß über eine Vorlage, mit welcher das Herrenhaus gar nicht befaßt gewesen, gegen den klaren Sinn der Verfassung verstoße und deshalb null und nichtig sei. An demselben Tage erfolgte der Schluß des Landtages.

Die Frage von der Bedeutung der Budgetbewilligung trat

damit in den Vordergrund, und zwar in ihrer vollen Unklarheit nach allen Seiten.

Hätte das Herrenhaus den Etat des A. H. in unveränderter Fassung angenommen, so beschränkte sich die Verantwortlichkeit der Staatsregierung auf die mehr verausgabten Gelder für die Reorganisation, die von dem anderen Hause abgelehnt war. Im Falle einer Ministeranklage hätte das Ministerium eine thatsächliche Notwendigkeit der Mehrausgabe nach Lage des Staats zu seiner Rechtfertigung nachweisen müssen. Indem das Herrenhaus dagegen den ganzen vom anderen Hause überkommenen Etat ablehnte, setzte es das Staatsministerium in die schlimme Lage, den ganzen Staatshaushalt auf eigne Verantwortlichkeit führen zu müssen. Es war daher eine Selbsttäuschung, wenn das Herrenhaus glaubte, eine staatsrettende That begangen zu haben, (und manche Herren dies wohl heute noch glauben).

Nach der Neuwahl des aufgelösten Hauses erklärte das Ministerium in der Thronrede vom 14. Januar 1863 zunächst wohl sachgemäß:

„In Ermangelung eines gesetzlich festgestellten Haushaltsetats für das Jahr 1862 habe die K. Regierung es nicht unterlassen dürfen, alle diejenigen Ausgaben zu bestreiten, welche zur ordnungsmäßigen Fortführung der Verwaltung, sowie zur Erhaltung und Förderung der bestehenden Staatseinrichtungen und der Landeswohlfahrt notwendig gewesen. Nach gefertigtem Rechnungsabschluß werde die Regierung die Genehmigung beider Häuser zu den geleisteten Ausgaben beantragen."

In der darauf beantragten Adresse des Abgeordnetenhauses wurde es als „verfassungswidrig" bezeichnet, daß die Minister die Verwaltung ohne gesetzlichen Etat fortgeführt und sogar entgegen einer bestimmten Erklärung des Hauses solche Ausgaben verfügt haben, welche durch Beschlüsse des Hauses definitiv und ausdrücklich abgelehnt waren.

Der Ministerpräsident von Bismarck aber mit seinem durchdringenden Blick für die Schwächen der Gegner legte in seiner berühmten Beantwortung des Entwurfs seinen Standpunkt dahin dar:

Durch diese Adresse werden dem Königlichen Hause seine verfassungsmäßigen Regierungsrechte abgefordert, um sie der Majorität dieses Hauses zu übertragen. Diese Forderung kleide das Haus in die Form ein, daß es die Verfassung verletzt erkläre, insoweit die Krone und das Herrenhaus sich seinem Willen nicht füge. — Zum Zustandekommen eines jeden Gesetzes, also auch des Budgetgesetzes, gehöre die Übereinstimmung der Krone und der beiden Kammern. Keine der drei gesetzgebenden Gewalten könne die andern zum Nachgeben zwingen; die Verfassung verweise daher auf den Weg der Kompromisse. Werde dies dadurch vereitelt, — „daß eine der beteiligten Gewalten ihre eigene Ansicht mit doktrinärem Absolutismus durchführen will, so wird die Reihe der Kompromisse unterbrochen, und an ihre Stelle treten Konflikte, und Konflikte werden zu Machtfragen: wer die Macht in Händen hat, geht dann in seinem Sinne vor, weil das Staatsleben auch nicht einen Augenblick stillstehen kann." Daß an dieser Stelle eine Lücke sei, sei gar keine neue Erfindung. Die Möglichkeit eines solchen Falles sei schon bei der Revision der Verfassung erwogen und jetzt zum ersten Mal zur Wirklichkeit geworden. „Ob in solchem Falle das vorjährige Budget fortdauere, oder ob das alte Recht, also bei uns die Machtvollkommenheit des absoluten Regiments, wieder einzutreten habe, möge dahingestellt bleiben." — Es klang das allerdings sehr absolutistisch! Und diese später vielerörterte Lückentheorie, welche der Ministerpräsident an anderer Stelle mit dem Ausdrucke einer tabula rasa bezeichnete, war wieder in dieser staatsrechtlich inkorrekten Ausdrucksweise geeignet, die Gemüter zu erhitzen. Wenn ein Gesetzentwurf verworfen wird, so entsteht bekanntlich weder eine Lücke, noch eine tabula rasa, sondern es bleibt rechtlich alles beim Alten. Es bleibt bestehen der ganze Komplex der Gesetze und Verordnungen, nach denen die einzelnen Dienstzweige zu verwalten sind, nur dürfen keine neuen, mit Ausgaben verbunden hinzukommen.

Die uns nicht ferne liegende Analogie boten die alten Grundsätze des Reichskammergerichts für den Fall, wenn die Landstände dem Landesherrn die zur „ordnungsmäßigen Verwaltung“ des Landes notwendigen Kosten versagten. Die ratio des Gerichtshofes lag darin, daß diese Mittel von den Landständen nicht versagt werden könnten, weil solche zur Erfüllung der vom Kaiser übertragenen Staatspflichten notwendig sind. Aber nicht eine „Machtvollkommenheit“ des absoluten Königtums lebt wieder auf, da der deutsche Landesherr an seine eigenen publizierten Gesetze gebunden ist, also auch in der Verwendung der Finanzmittel in der Hauptsache keine freie Hand hat.

In dem Hause der Abgeordneten wurde in der That der Standpunkt der Staats-Regierung als Erklärung einer absolutistischen tabula rasa verstanden, der Adreßentwurf mit 255 gegen 68 Stimmen angenommen, und die Resolution gefaßt:

„Daß es der Beratung des Gesetzentwurfs über die Ausgaben und Einnahmen des Jahres 1862 vorbehalten wird, die Summen derjenigen Ausgaben des Jahres 1862 festzustellen, für welche als verfassungswidrige die Minister mit ihrer Person und ihrem Vermögen verhaftet bleiben.“

Es war dem Hause wohl bekannt, daß der Art. 61 der preußischen Verfassungsurkunde über die Ministerverantwortlichkeit durch wesentliche Vorbehalte suspendiert und unausführbar ist, die Rechtsverständigen waren aber der Ansicht, daß während dieses rechtlichen Hindernisses auch eine Verjährung nicht laufen könne, es also immer möglich bleibe, dieser Verantwortlichkeit dereinst Folge zu geben, — eine namentlich für den Finanzminister unbehagliche Lage.

Herr v. d. Heydt, der in der Budgetfrage wohl den Standpunkt des früheren liberalen Ministeriums teilte, fand sich daher bald veranlaßt, auf sein Portefeuille zu verzichten. Sein Nachfolger, Herr v. Bodelschwingh, hatte begreiflich den Wunsch, durch eine Novelle zum Art. 99 der Verf.-Urk. seiner Verantwortlichkeit ledig zu werden. Der Budgetartikel 99 sollte folgende Ergänzung erhalten:

Wenn die zur gesetzlichen Feststellung des Staatshaushalts-etats erforderliche Übereinstimmung des Königs und der beiden Häuser des Landtags nicht erreicht werden kann, so bleibt der zuletzt gesetzlich festgestellte Etat bis zur Vereinbarung eines neuen Etats in Kraft.

Außerordentliche Ausgaben; insoweit sie nicht auf einer Verpflichtung des Staats beruhen, dürfen jedoch in dieser Zwischenzeit nur geleistet werden, wenn sie zu solchen Zwecken bestimmt sind, welchen durch eine in dem zuletzt gesetzlich festgestellten Etat erfolgte Bewilligung vorgesehen ist, und nur in Höhe des durch diesen Etat bewilligten Betrages.

Die zur Beratung dieser Vorlage ernannte Kommission unter Vorsitz des Grafen von Schwerin hatte den Abgeordneten Dr. Gneist zum Referenten ernannt. In dem einleitenden Vorbericht machte ich den kühnen Versuch, die Kommission zu einem Eingehen auf die staatsrechtliche Bedeutung des Etatsgesetzes zu bewegen durch ein Zurückgehen auf die geschichtliche Entstehung dieser Generalordre. Ich führte aus: Die Grundlage desselben erwuchs aus den speziellen Anweisungen, welche der Landesherr ursprünglich den einzelnen Organen der Staatsverwaltung über die Vereinnahmung der Staatseinkünfte und über die Verwendung der Staatsgelder zur Erfüllung der staatlichen Aufgaben erteilen konnte, und in wichtigeren Fällen zu erteilen pflegte. Es waren also spezielle Ausführungsverordnungen und Instruktionen über die finanzielle Seite der Staatsthätigkeit, nicht primäre Normen für diese selbst. Diese speziellen Ausführungsverordnungen wurden später zur sicheren Ordnung des Gesamthaushalts in eine Generalinstruktion zusammengefaßt. Der Erlaß dieser Generalinstruktion ist dann durch die Verfassungs-Urkunde an eine Zustimmung der beiden Häuser des Landtags gebunden und damit zweiseitig bindend geworden für Krone und Landtag. Inhalt und Zweck dieses sogenannten Budgetgesetzes ist aber unverändert geblieben, für die Nichtinnehaltung des Etats bleiben also die Minister verantwortlich nach denselben staatsrechtlichen Grundsätzen wie früher im Falle der Überschreitung einer durch Spezialverordnung bemessenen Ausgabe. Sie können dafür regreßpflichtig und straffällig werden, es steht ihnen aber ein Gegenbeweis der Notwendigkeit der Staatsausgabe offen, (worüber dann der Staatsgerichtshof nach Grundsätzen des Staatsrechts und des Staatswohls zu entscheiden haben würde.)

Die so gestellte Frage kam jedoch weder in der Kommission noch im Plenum zu einer sachlichen Erörterung. Die Regierungsvorlage wollte nämlich den zuletzt zustande gekommenen Staatshaushaltsetat kontinuieren: dieser enthielt aber eben die Kosten der Reorganisation des Heeres als Extraordinarium. Wurde dies als dauernde Ausgabe kontinuiert, bis ein anderer Etat zustande gekommen wäre, so war eben damit die ganze Reorganisation anerkannt und im Wesentlichen dauernd gesichert. Da dies aber in direktem Widerspruch mit der bisherigen Stellung des Hauses stand, so konnte die Vorlage nicht zur Annahme gelangen. Die Kommissionsberatung nahm daher sofort ihre Richtung auf diesen Widerspruch, nach einer glänzenden Rede des Abgeordneten Dr. Simson wurde die Debatte kurzweg beendet, der Regierungsantrag einstimmig abgelehnt, und in etwas gereizter Stimmung die Resolution hinzugefügt:

a) Der vorgelegte Gesetzentwurf vom 11. Dezember 1863 enthält keine Ergänzung, sondern eine direkte und vollständige Aufhebung des Artikels 99 der Verf.-Urk.

Auch die Plenarberatung ging sofort auf diesen Kern der Frage ein. Ein vermittelnder Antrag des Abgeordneten v. d. Heydt fand nicht die genügende Unterstützung, und der Streit blieb auf der logisch-arithmetischen Basis stehen: das Etatsgesetz müsse zustande kommen, und in Ermangelung einer Übereinstimmung gelte immer das minus.

Das Finanzministerium ließ sich in diesem Falle durch einen der hervorragendsten Juristen Berlins, den Geheimen Finanzrat Wollny, vertreten, der mit großem Geschick die schwachen Punkte des gegnerischen Standpunkts hervorhob, während der Referent verpflichtet war, die einstimmige Ansicht der

Kommission aufrecht zu erhalten.[7]) Der Beschluß des Hauses ging mit großer Majorität auf Annahme des Kommissionsantrages nebst der zugefügten scharfen Resolution.

Die finanzielle Seite des Streits hatte sich durch einen verunglückten Versuch nur verschärft. In noch höherem Maße trat dieser Erfolg nun ein bei dem Militärdepartement.

Der in der Session 1863 eingebrachte Entwurf einer Novelle zum Gesetz vom 3. Sept. 1814 enthielt als Grundzüge eine 7jährige Dienstpflicht im stehenden Heere, davon 3 Jahre bei den Fahnen, 4 Jahre in der Reserve, 5jährige Dienstzeit in der Landwehr I. Aufgebots, 5jährige Dienstzeit im II. Aufgebot.

Die zur Beratung ernannte Kommission erstattete durch ihren Berichterstatter v. Forckenbeck einen ausführlichen Bericht. Als Resultat gelangt die Kommission zu dem einstimmigen Beschluß, den Entwurf wegen seiner Form und seiner materiellen Bestimmungen für unannehmbar zu erklären. An Stelle der vorgelegten Novelle erachtet die Kommission vielmehr 3 Gesetze für notwendig:

1. ein Organisationsgesetz, welches die Stärke des Heeres, dessen Zusammensetzung, die Zahl und Bedeutung der taktischen und organischen Einheiten im Heere und damit die Gesamtleistung der Wehrpflichtigen und die Finanzkosten feststelle,
2. ein Rekrutierungsgesetz über die Wehrpflicht für den Einzelnen und den Schutz des Einzelnen gegen Willkür,
3. ein Gesetz über die Dauer der Dienstzeit, wofür die Kommission 2 Jahre bei den Fahnen für die Infanterie, 3 Jahre für die Kavallerie und Spezialwaffen (zusammen 5 Jahre wie bisher) sodann 6 Jahre für die Landwehr I. Aufgebots, 4 Jahre für die Landwehr II. Aufgebots vorschlage.

In der Plenarberatung am 9. Mai 1863 erklärte dagegen der Kriegsminister: das Verlangen nach solchen Gesetzen sei ein wesentliches Moment für die Machterweiterung des Abgeordnetenhauses. Es sei kein ehrlicher Handel, wenn man viel fordere und nichts Annehmbares dagegen biete. Der König habe auf Grund des Gesetzes und des Herkommens das Recht, die Stärke der Armee zu bestimmen „nach den allgemeinen Staatsverhältnissen". Man könne jetzt allerdings „theoretisch" sagen, die Stärke der Armee sollte eigentlich durch ein Gesetz festgestellt werden, aber wenn sich die Regierung zu einer solchen gesetzlichen Vereinbarung herbeilasse, so liege doch eine Notwendigkeit dafür nicht vor. „Die Regierung kann Sie ja immerhin auf das Budgetrecht verweisen und festhalten, die Regierung bestimmt die Stärke der Armee nach den Staatsverhältnissen, und Sie haben das Bewilligungsrecht. Die Herren haben das Recht, die Stärke zu vermindern durch Verminderung des geforderten Etats." Vielleicht wäre es zweckmäßig, jetzt an solche gesetzliche Regelung zu denken: allein der König habe dies Recht nicht ausdrücklich an das Volk abgetreten. Es lasse sich also nicht leugnen, daß dies von Seiten der Krone eine Konzession sei.

Die Gesichtspunkte traten nun dahin hervor, daß das Kriegsdepartement dem Hause jede Mitwirkung bei der Organisation des Heeres bestreitet, das Haus aber auf sein Geldbewilligungsrecht im Budget verweist.

Vom Finanzdepartement aus aber wird erklärt, daß die Krone einen Budgetbeschluß des Hauses nur annehmen und sanktionieren werde, wenn dieser Beschluß auch der Krone annehmbar erscheine.

Als aber darauf in der Sitzung vom 1. Mai 1863 der Kriegsminister wiederholt das Wort nahm, um die Äußerung eines Vorredners als eine ganz unberechtigte Anmaßung zu bezeichnen, wurde er von dem Präsidenten unterbrochen, zum Zweck der Bemerkung, „daß, wenn etwas vorgekommen wäre, was gegen die Ordnung des Hauses verstoße, dies zu rügen Sache des Präsidenten gewesen sein würde". Dieser Zwischenfall gab die Veranlassung zur Aufhebung der Sitzung (indem der Präsident bekanntlich sich mit dem Hut bedeckt) und zu der wiederholten Erklärung des Staatsministeriums, daß es sich der Teilnahme an den Beratungen des Hauses so lange enthalten müsse, bis ihm durch das Präsidium die Erklärung zugehe: daß die Wiederholung eines solchen Verfahrens nicht in Aussicht stehe. Das Haus hielt dagegen daran fest, daß der Präsident jeden Redner vermöge des Rechts, die Versammlung zu leiten und die Ordnung zu erhalten, unterbrechen könne, daß es hingegen „verfassungswidrig“ sei, wenn die Minister ihre Gegenwart im Hause willkürlich von Vorbedingungen abhängig machten, wogegen das Staatsministerium wiederuu bei seiner Auffassung stehen blieb. Das Haus beschloß darauf, die Militärvorlage vorläufig von der Tagesordnung abzusetzen und eine Adresse an des Königs Majestät zu richten. Nachdem hierauf auch durch eine Botschaft vom 20. Mai 1863 ausgesprochen war, daß der Standpunkt des Staatsministeriums der den Ministern rechtlich zustehenden und verfassungsmäßig verbrieften selbständigen Stellung entspreche, beschloß das Haus mit 239 gegen 61 Stimmen eine Adresse, in welcher nochmals hervorgehoben wurde, daß es sich nicht um eine Disziplinargewalt, sondern um das formelle Leitungsrecht der Debatte für den Präsidenten handle. Unter Hinweis auf die Fortdauer eines verfassungswidrigen Zustandes wurde erklärt, daß das Haus kein Mittel der Verständigung mit diesem Ministerium mehr habe.

Wenige Tage darauf wurde sodann die Session geschlossen, ohne daß der Militäretat beraten war, am 30. Sept. 1863 aber das Abgeordnetenhaus aufgelöst, und am 9. Nov. 1863 eine neue Legislaturperiode eröffnet.

Gleich nach Eröffnung der Session wurde ein neuer Gesetzentwurf über die Verpflichtung zum Kriegsdienst vorgelegt, welcher in den Motiven die Notwendigkeit einer 3jährigen Präsenzzeit bei den Fahnen an die Spitze stellt. Die 2jährige Dienstzeit verletze nicht bloß die allgemeine Rechtsgleichheit, sondern auch die Tüchtigkeit der Hauptwaffe der Armee. Die Regierung müsse deshalb an dem gesetzlich Bestehenden so lange festhalten, bis sie durch neue Erfahrungen neue Überzeugungen hinsichtlich der möglichen Verkürzung gewonnen habe. Die Grundsätze des Gesetzesvorschlags sind demnach wesentlich die früheren:

7 jährige Dienstzeit im stehenden Heere,
davon 3 Jahre bei den Fahnen,
4 Jahre in der Reserve,
4 Jahre in der Landwehr I. Aufgebots,
3 Jahre in der Landwehr II. Aufgebots.

Die zur Beratung gewählte Kommission von 21 Mitgliedern hatte als ihren rechtsverständigen Berichterstatter den Abgeordneten Dr. Gneist, als technischen Berichterstatter den Abgeordneten General Lehmann bestimmt. Die Kommission war in ihren Beratungen bisher davon ausgegangen, daß der von 1820 bis 1860 jährlich veröffentlichte status der Armee nur „durch gleichmäßige Observanz" festgestellte gesetzmäßige Einrichtung sei. Jetzt hob der Berichterstatter bei dem betreffenden Paragraphen zu einiger Überraschung der Kommission hervor, daß das von ihr verlangte Organisationsgesetz keine neue Konzession sei, welche sie von der Kgl. Staatsregierung verlange, sondern daß das für die preußische Armee geltende Organisationsgesetz bereits vorhanden sei. Die A. K. O. v. 22. Dez. 1819 (G.-S. 1820, S. 5) ergebe als gesetzlich bestehenden Rahmen der preußischen Armee: 8 Armeekorps, 1 Gardekorps, jedes Korps zu 2 Divisionen, die Division zu 3 Brigaden, die Brigade zu 2 Regimentern Infanterie, 2 Regimentern Kavallerie, zusammen 36 Regimenter Infanterie, 4 Reserve-Regimenter, 36 Regimenter Kavallerie, zusammen 120 Bataillone zu 1000 Mann Kriegsstärke, die entsprechende Schwadron der Kavallerie zu 162 Mann Kriegsstärke, also einen gesetzlich feststehenden Rahmen, der dauernd mit den Kreisen und Ortschaften des Landes in Verbindung gebracht und 40 Jahre hindurch mit äußerster Gewissenhaftigkeit festgehalten sei. Unter Vorlegung des jährlich in der Rang- und Quartierliste veröffentlichten Tableaus ließ sich nun bei jeder Position nachweisen, auf welcher publizierten königlichen Verordnung dieselbe beruhe. Der Kriegsminister v. Roon erschien in äußerstem Maße überrascht, der Abgeordnete Dr. Waldeck fuhr mit einem Laut des Unwillens empor (er war der Ansicht, daß man das klare einfache Recht der Budgetbewilligung nicht mit solchen Verwaltungsanordnungen vermengen solle). Die Kommissionssitzung wurde vertagt. In der nächsten Sitzung aber erklärte der Kriegsminister, er habe aus den Akten ermittelt, daß die A. K. O. v. 22. Dez. 1819 überhaupt nicht zur Publikation bestimmt, nur als Reglement gemeint gewesen (Klappenreglement) und nur gewissermaßen unversehens publiziert sei.

In dem darauf erstatteten Kommissionsbericht vom 14. Januar 1864 sind die „Differenzpunkte“ der Reorganisation am vollständigsten gegenübergestellt und präzisiert:

1. Die wesentliche Änderung des Verhältnisses zwischen Landwehr und Linie. Die Staatsregierung habe zwar den anfänglich ausgesprochenen Gesichtspunkt, die Landwehr nur als Festungstruppe fortbestehen zu lassen, zurückgenommen: aber der Sache nach sei die Behandlung der Landwehr als solcher unverändert geblieben. Man habe der Landwehr alle aktiven Offiziere als Bataillonskommandeure und Adjutanten entzogen, und es seien nicht einmal die notwendigen Bekleidungsstücke und Gewehre für sie jetzt mehr vorhanden. Die Landesvertretung sehe in dieser Eliminierung der Landwehr eine Verkürzung einer der Nation teuer und wert gewordenen Institution. Während bisher das gesetzliche Verhältnis der Linie zur Landwehr 126 : 117 Bataillonen gewesen, stelle sich das neue Verhältnis wie 243 : 117. Während bisher der Präsenzstand des Heeres = 130 000, sei der jetzige Präsenzstand = 212 224, oder bei vollständig durchgeführter dreijähriger Dienstzeit = 230 000 Mann. Es war eine spezifisch preußische, aber sicherlich nicht die schlimmste Tendenz, die an der Erhaltung der persönlichen Wehrpflicht auch mit Opfern an dem Erwerbsleben der bürgerlichen Gesellschaft festhielt, und an dem kriegerischen Geist der Bevölkerung, der dadurch erhalten sei.[8])

2. Nicht zu beseitigen sei der Widerspruch der Reorganisation gegen die bestehenden Landesgesetze. Die Verlängerung der

Dienstzeit im stehenden Heere von 5 auf 7 Jahre könne nun einmal nicht ohne neues Gesetz erfolgen. Wenn das Gesetz (§ 15) von einem „im Kriege entstehenden Abgang" spreche, so könne darunter nicht verstanden werden ein manquement bei einer Mobilmachung im Frieden. Die Rechtsverhältnisse des Reservisten und des Landwehrmannes seien verschieden nicht bloß rücksichtlich der Beschränkungen der Auswanderung, der Eheschließung ꝛc., sondern auch durch die stetige Bereitschaft des Reservisten zur Vervollständigung des Regiments. In den Motiven hatte sich das Kriegsministerium jetzt mit dem Wehrgesetz von 1814 abgefunden, indem es ausführt, die Richtigkeit dieser Deutung (im Frieden, statt im Kriege) „erhelle" mit einer jeden Zweifel ausschließenden Deutlichkeit aus dem [bekanntlich geheim gehaltenen] Mobilmachungsplane von 1830, in welchem der zur authentischen Interpretation „vorzugsweise, ja ausschließlich berechtigte Gesetzgeber (!)" ausdrücklich bestimme, daß für gewisse Zwecke der Mobilmachung Landwehrmänner des jüngsten Jahrgangs verwendet werden sollten ꝛc.

Referent führte weiter aus: Ebensowenig könne die Staatsregierung in Abrede stellen, daß die A. K. O. v. 22. Dez. 1819 (G. S. 1820, S. 5) den bindenden Charakter eines Landesgesetzes habe. Die Behauptung, daß jene Ordre nicht zur Publikation bestimmt gewesen, stehe im Widerspruch mit den Eingangsworten:

> „Es thut Meinem Gefühl wohl, dies öffentlich anzuerkennen ꝛc."

Die Behauptung, daß ein bloßes Klappenreglement gemeint sei, erscheine noch unvereinbarer mit dem Inhalt, der für den Gesamtrahmen der Armee die allerumfassendsten positiven Bestimmungen enthalte, sowie mit der dauernden Verbindung der Bataillons- und Schwadronsbezirke mit den Kreisen und Ortschaften des Landes.

Der Widerspruch der neuen Einrichtungen mit den geltenden Landesgesetzen werde sich danach durch keine Interpretation beseitigen lassen.

Wenn aber im Hause der Abgeordneten wiederholt eine Bereitwilligkeit ausgesprochen sei, auf die Vermehrung der Kadres einzugehen unter Voraussetzung einer zweijährigen Dienstzeit bei der Fahne, so spreche für die Zulässigkeit dieser Verkürzung das Gutachten der Generale v. Grolmann, v. Müffling, v. Krauseneck und anderer. (Die Vorlegung jener Gutachten von 1833 hatte die Staatsregierung aber abgelehnt.) Auch in der Militärkommission seien zwei anerkannt tüchtige Generale und noch andere ältere Offiziere im Hause für die Zulässigkeit der Abkürzung eingetreten.

Dies Verlangen sei ja auch kein neues, da die zweijährige Dienstzeit schon zwei Jahrzehnte, die $2^1/_2$jährige bis 1856 bestanden habe.

3. Endlich macht die Kommission den Finanzpunkt geltend, nach welchem die Mehrkosten der neuen Organisation nicht bloß die für dies Jahr eingesetzten Mehrbeträge sind, sondern durch die notwendige Vermehrung des Offizier- und Unteroffizierkorps und durch zahlreiche, für jetzt nur zurückgesetzte Mehrkosten so bedeutend ins Gewicht fallen, daß die Mehrkosten des Landheeres sich auf einen Mehrbetrag von einem Drittel und mehr belaufen würden.

Die Staatsregierung blieb dagegen wieder bei dem Grundsatz stehen, daß die Organisation und Formation des Heeres ein integrierender Teil der unserer Krone verfassungsmäßig allein zustehenden Exekutive sei; daß das A.-H. nur indirekt durch sein Ausgabebewilligungsrecht dabei mitzuwirken habe, daß aber ein Budgetgesetz auch nur zustande kommen könne, wenn es der Krone annehmbar erscheine. Diesem Standpunkt entsprechend sollte darum nochmals in diese Novelle der Satz aufgenommen werden: „Die Stärke des stehenden Heeres und der Marine wird nach den jedesmaligen Staatsverhältnissen bestimmt", womit also die 1815—19 ergangenen Gesetze über die Stärkeverhältnisse des preußischen Heeres summarisch beseitigt worden wären.

Der Kriegsminister gab darauf in tiefer Verstimmung die Schlußerklärung ab: er sei fortwährend zu ausführbaren Konzessionen geneigt gewesen, die Behandlung jedoch, welche die Vorlagen erfahren, hätten ihn von der Aussichtslosigkeit des besten Willens seinerseits überführt, daß er davon abstehen müsse, von sich aus weitere Versuche der Verständigung zu machen. Er stelle jedoch anheim, ob einer oder der andere der Kommissionsmitglieder ihn persönlich besuchen und ihm Vorschläge, welche zur Verständigung geeignet seien, machen wolle. Wenn in bezug auf derartige der Regierung annehmbare Vorschläge dem Kriegsminister eine Garantie geboten werden könne, daß dieselben auch auf Annahme im Hause zu rechnen hätten, so werde es ihm zu besonderer Freude gereichen. Er glaube jedoch keine Veranlassung zu haben, in dieser Beziehung die Initiative zu ergreifen.

Die Kommission kam darauf durch Akklamation zu dem Beschluß, den Gesetzentwurf abzulehnen.

Im folgenden Jahre kehrte nun eine Regierungsvorlage vom 2. Februar 1865 wieder, betreffend die Abänderung und Ergänzung des Gesetzes über die Verpflichtung zum Kriegsdienst. Sie ging wiederum auf Verlängerung der Dienstzeit im stehenden Heer auf 7 Jahre (mit 4 jähriger Reserve und auf Verkürzung des Dienstes in der Landwehr I. Aufgebots auf 4 Jahre) und einige deklaratorische Bestimmungen. Der Gesetzentwurf wurde diesmal ohne Motive vorgelegt, der von der Kommission ernannte Referent Abg. Dr. Gneist wurde deshalb autorisiert, in Verbindung mit dem als Korreferenten zugeordneten Abg. v. Forckenbeck einen Vorbericht zu erstatten, in dem nochmals ausführlich der Hergang der Reorganisationsverhandlungen und der bisher von dem A.-H. innegehaltene Standpunkt ausführlich dargelegt wird. Die etwas verschiedene Stellung der Parteien ist in dem Vorbericht insofern erkennbar, als die Fortschrittspartei (v. Forckenbeck) vorweg die Ablehnung der Regierungsvorlage sans phrase, das linke Zentrum (Dr. Gneist) die Erörterung der einzelnen Artikel für notwendig erachtete. Dabei wurde anerkannt, daß in verschiedenen Nebenpunkten die Staatsregierung entgegenkomme und eine Verständigung möglich sei, daß aber die beiden Hauptdifferenzpunkte bestehen bleiben, nämlich die Verlängerung des Dienstes im stehenden Heere auf 7 Jahre, die Verkürzung des Landwehrdienstes auf 4 Jahre, und andrerseits die entschiedene Ablehnung der Staatsregierung, durch irgend eine Feststellung des Friedensstandes der Armee oder der Zahl der Kadres sich an irgend ein festes Maß der Leistungen für das Heer binden zu wollen. Beide Referenten kommen dann übereinstimmend zu dem Vorschlage folgender Resolution:

„Das Haus der Abg. fordert die k. Staatsregierung auf, noch im Lauf der gegenwärtigen Session dem Hause einen Gesetzentwurf vorzulegen, in welchem unter Abänderung der A. K. O. v. 22. Dezember 1819 eine anderweitige Bestimmung der Zahl und Stärke der Kadres und damit des Präsenzstandes der stehenden Armee festgestellt und zugleich die dadurch bedingte Abänderung der entsprechenden Vorschriften der Landwehrordnung v. 21. November 1815 herbeigeführt wird.“ (gez. Gneist, v. Forckenbeck.)

Die Kommissionsberatungen drehten sich nochmals um die nun einmal vorhandenen Differenzpunkte, bei denen die beiden Teile einander gewissermaßen wie zwei Heere in Observationsstellung gegenüber stehen blieben. Die Kommission kam in ihrem Bericht in Übereinstimmung mit dem Vorbericht zu dem Resultat:

„Zwecke und Gesichtspunkte auf beiden Seiten können nur zur Geltung und zu einer möglichen Verständigung kommen, wenn Kadres und Stärkeverhältnisse zugleich gesetzlich fixiert werden, wie dies in der K. O. vom 22. Dezember 1819 geschehen ist.

„Kein einziger aller Differenzpunkte scheint unlösbar, wenn nur überhaupt die Staatsregierung irgend eine gesetzliche, den Finanz- und politischen Verhältnissen entsprechende Maßbestimmung für die Ansprüche der Kriegsverwaltung anzuerkennen und wieder herzustellen den Willen hätte.“

Bei der Abstimmung wurde in der Kommission der vorgelegte Gesetzentwurf mit allen gegen 4 Stimmen abzulehnen beschlossen.

In der Sache selbst war der Gegensatz der beiden Standpunkte womöglich noch verschärft, und in der Plenarverhandlung vom 28. Apr. 1865 konnten die Erklärungen des Kriegsministers, daß es Parteien gäbe, die auf die Fortdauer des Konflikts spekulieren, und ähnliche Wendungen die Verbitterung auf der andern Seite nur erhöhen. Bei der Abstimmung am 5. Mai 1865 ergab sich die Ablehnung des Entwurfs mit 258 gegen 33 Stimmen.

Das fünftägige Wortgefecht, in welchem der Kriegsminister und der Referent stundenlang gesprochen hatten, änderte in der Sachlage nichts. Es ist eine oft bemerkte nationale Eigentümlichkeit, daß der Deutsche im „Kampf ums Recht", wenn er zur schärfsten Tonart gekommen ist, trotzig und intransigent wird! Der Kriegsminister war am Schluß der Verhandlung so heftig geworden, daß er sogar in schwer beleidigende Worte gegen den Referenten ausbrach, die er dann zwar (bedauernd) zurücknahm, die aber auch zur Steigerung der gereizten Stimmung in dem Hause nur beitragen konnten.[9])

Der Ministerpräsident v. Bismarck hatte es in dieser Epoche des Konflikts dem Kriegsminister v. Roon überlassen, den Rechtsstandpunkt der Militärfrage mit dem Hause der Abg. auszufechten. Dem Minister des Innern blieb es überlassen, durch den ministeriellen Druck auf die wiederholten Neuwahlen zum A.-H., die (wie gewöhnlich) wenig Erfolg hatten, die öffentliche Meinung zu reizen. Noch mehr hatte eine übereilte Verordnung zur Beschränkung der Presse, die gegen klare Bestimmungen der Verfassung erlassen war und in der nächsten Session zurückgenommen werden mußte, denselben Erfolg. Auch die übrigen Minister gerieten mit dem oppositionell gestimmten Hause in mehrfache Streitigkeiten. Einen bösen Incidentpunkt bildete ein jetzt von den früheren Entscheidungen abweichender Ausspruch des Obertribunals, welcher die Unverantwortlichkeit der Abgeordneten für ihre Reden im Hause nicht mehr anerkannte. Der Ministerpräsident selbst hatte inzwischen mit den Schwierigkeiten der auswärtigen Verhältnisse, mit der Eifersucht und dem grundsätzlichen Antagonismus des Wiener Hofes, den Annexionsgelüsten

Frankreichs, dem starren Partikularismus der deutschen Mittelstaaten einen ebenso schweren Stand nach außen wie nach innen. Erst eine spätere Zeit hat eine Einsicht in die unendliche Schwierigkeit dieser Verhandlungen gewonnen, die dem A. H. unbekannt geblieben war. Dennoch hatte das Haus (besonders die Fortschrittspartei) der immer wiederkehrenden Versuchung nicht widerstehen können, durch seine Debatten und Resolutionen in diese Verhältnisse hineinzureden und dem überlegenen Meister der auswärtigen Politik die mannigfaltigste Gelegenheit geboten, die schwachen Seiten des Parlamentarismus zu verspotten. Es kehrte hier die stetige Erfahrung aller gewählten Landesvertretungen wieder, — eine unwiderstehliche Neigung, in Verhältnissen mitzureden, deren Voraussetzungen und großen Zusammenhang sie zu übersehen außer Stande sind. Außer diesen wohlberechtigten Zurechtweisungen verfehlte der Ministerpräsident aber auch nicht, dem Hause und seinen Kommissionen den immer wiederholten Vorwurf zu machen, daß sie der Krone ihre wohlbegründeten Rechte abfordern, ein parlamentarisches Regiment einführen, die Armee dem Parlamente unterordnen wollten u. dergl., entsprechend der Taktik, daß man den abwehrenden Teil als den Angreifer darzustellen hat, — eine Taktik, die zur Befestigung der Stellung des Staatsleiters bei Hofe und im Vertrauen seines Monarchen wohl dienlich, zur Zeit vielleicht notwendig war, die aber zur Verbitterung der Stimmungen, zur Erweiterung des Risses zwischen Ministerium und A.-H. führen mußte.

Im Lauf des Jahres 1865 erschien der Verfassungskonflikt nach jeder menschlichen Berechnung unlösbar. Inzwischen aber hatte die strategische Meisterschaft des großen Staatsmannes den Bruch mit Österreich und mit der Mehrheit des deutschen Bundes unvermeidlich gemacht und den Monarchen von Preußen gezwungen, den gegnerischen Mächten den Krieg zu erklären, der sich mit Ehren in dieser Lage nicht vermeiden ließ. Erst dem Gefühl eines unabweisbaren Gebots der Ehre und der monarchischen Pflicht konnte es gelingen, König Wilhelm zu einem Entschluß zu bewegen, der, allen Traditionen des Hauses der Hohenzollern, dem Testament Friedrich Wilhelms III, der persönlichen Loyalität seines Charakters entgegen, den offenen Waffengang gegen das Haus Habsburg und die Rheinbund-Königreiche wählte, welcher für die dauernde Gestaltung des deutschen wie des österreichischen Kaiserstaates unvermeidlich geworden war. Wie schwer dieser Entschluß dem König geworden ist, hat der Fürst-Reichskanzler in späteren Gesprächen keineswegs verhehlt. Der Widerspruch zwischen berechtigten Standpunkten des Staats und der Gesellschaft hatte die höchste Höhe erreichen müssen, um seine Lösung in einem höchsten Ziele zu finden.

XI.

Die Lösung des Konflikts.

Während die Gegensätze zwischen Staatsregierung und Landesvertretung sich im Verlauf dieser Jahre immer starrer gestaltet hatten, war in den weiteren Kreisen der Gesellschaft allmählich eine leise Umstimmung eingetreten. Die schrittweise Wandlung der öffentlichen Meinung in dieser Konfliktszeit giebt ein lehrreiches Bild des Wechsels in dem Erfolg der Parlamentswahlen, welche zeitweise wohl überwiegend durch wirtschaftliche Interessen bestimmt wird, in Deutschland aber wohl niemals ohne eine Mitwirkung sittlicher Momente und von Rechtsüberzeugungen. Hatten schon die altliberalen Mitglieder des Hauses den neuen Ministerpräsidenten zu ihrer Überraschung anders gefunden als den bisher bekannten Herrn Otto v. Bismarck, so drang schon in etwas weitere Kreisen eine Kunde durch von dem enschiedenen Auftreten in der deutschen Politik gegenüber dem Wiener Hofe. Überraschend in weiten Kreisen wirkte das Verhalten des Ministeriums gegenüber dem österreichischen Projekt einer neuen deutschen Bundesverfassung mit einem mehrköpfigen Direktorium und einer Reichsvertretung aus Delegationen der Landeskammern. Gute Politiker fanden die ablehnende Denkschrift des Staatsministeriums gegen jenes Projekt meisterhaft. Die breite Masse der Bevölkerung traute jedoch dem Ernst dieser Erklärungen noch immer nicht. Die eifrigen Bemühungen des deutschen Nationalvereins in seiner Propaganda für eine Reichsverfassung unter preußischer Führung machten nur langsam Fortschritte. Erst die schleswig-holsteinsche Verwicklung führte zu einem größeren Vertrauen auf die jetzt gewonnene Sicherheit der auswärtigen Politik, nur konnte sich die öffentliche Meinung selbst noch nicht klar werden, wer eigentlich die dänische Erbschaft in Holstein antreten und was aus Schleswig werden solle.

Aber auch über die Bedeutung der Reorganisation des Heeres fand allmählich eine günstigere Stimmung Platz. Der ruhmvolle Verlauf des Feldzugs in Schleswig erwies die Tüchtigkeit der neuen Formationen, und die öffentliche Meinung fand sich damit zufrieden, daß man die Landwehr zwar als einen Teil der Feldarmee herangezogen, aber doch in geringem Umfang unmittelbar vor den Feind geführt hatte, wie man auch später in dem Kriege gegen Frankreich damit wohl einverstanden war, daß nur 5 Divisionen der Landwehr neben der Masse der Linientruppen zur Verwendung in Feindesland gekommen waren.

Es hatte sich thatsächlich gezeigt, daß die Landwehr doch nicht als Feldtruppe „eliminiert" werden sollte. Die Zweckmäßigkeit einer Verwendung der jüngeren Elemente in der Armee hatte sich bewährt, und der König konnte in der Thronrede nach dem schleswig-holsteinschen Kriege gewiß mit Recht daran erinnern, daß man aus guten Gründen Landwehrmannschaften, die mindestens zur Hälfte aus verheirateten Männern und Familienvätern beständen, nicht in die erste Linie gestellt habe. Die Ideen der Arbeitsteilung, der größeren Schonung der wirtschaftlich selbständig gewordenen Männer im Kriegsdienst, wurden anscheinend der Neugestaltung des Heeres immer günstiger. Dazu kamen die unverkennbaren Verdienste des Kriegsministers v. Roon um die zweckmäßigere Ordnung der Militärökonomie, in der Beseitigung mehrfacher Mißstände in dem Beförderungs- und Bildungswesen der Armee. Eine kräftige und rechtschaffene Verwaltung in allen Einzelheiten und die Abschaffung mancher Mißbräuche ließ sich dem Kriegsdepartement nicht abstreiten.

Die andere Seite des anomalen Zustands, der budgetlose Zustand, zeigte ebenso eine andere Physiognomie, als die Theoretiker des schrankenlosen Budgetrechts vorausgesetzt hatten. Die preußische Finanzverwaltung ging ihren festgeordneten, regelmäßigen Gang, und Millionen der Bevölkerung hatten den Eindruck, daß es doch wohl in der Ordnung sei, wenn die Gerichte, die Polizeibehörden, die sämtlichen Organe der Staatsverwaltung in geregeltem Gange blieben, auch ohne ein vereinbartes Etatsgesetz, daß die Minister (abgesehen von den Mehrkosten der Armee) doch eigentlich nur ihre Schuldigkeit thäten in Aufrechterhaltung der herkömmlichen Verwaltung. Die Tragweite der Geldbewilligungen der Volksvertretung verkannte man nicht: aber die Idee, daß der Artikel 99 der V.-Urk. der Grund- und Eckstein des konstitutionellen Staats sei, kam doch schon merklich ins Schwanken.

Vor allem war es die hohe edle Gestalt des Königs, dessen Worte und Handlungen der immer gleiche Ausdruck der Gerechtigkeit und des Wohlwollens blieben, die in weitesten Kreisen beruhigend wirkte. Die konstitutionelle Fiktion, daß der König nicht Unrecht thun könne, und daß alle Verantwortlichkeit für geschehenes Unrecht nur die Minister tragen, war hier zur volkstümlichen Meinung geworden. Die öffentliche Meinung war im Ganzen im Verlauf der Jahre 1862—66 wohl weniger oppositionell gestimmt als die im täglichen Streit mit dem Ministerium befindlichen Abgeordneten. Ich möchte vermuten, daß sie bei einem referendum nach Schweizer Weise das Votum der Kammer, welches eine Anleihe für den schleswig-holsteinschen Krieg verweigerte, mißbilligt haben würde. Noch schwieriger wurde die Stellung der Fortschrittspartei im Juni 1866 bei dem Zusammenbruch des Deutschen Bundes und bei dem Ausbruch des österreichischen Krieges. Damals war es wohl ein Gefühl des weichenden Bodens, welches in der Opposition extreme Richtungen in den Vordergrund schob und zu dem Ausruf: „Diesem Ministerium keinen Groschen!" verleitete. Schon damals waren auch im Hause die Ansichten geteilt, und der weitersehende Abg. Ziegler konnte bei der Volksversammlung in Breslau schon mit Erfolg an das Volksgewissen und an die Ehre der preußischen Fahnen appellieren.

Der mit geteilten Sympathien begonnene Krieg führte nun aber zu einem völligen Umschlag der öffentlichen Meinung, sobald das große Ziel der gewonnenen Einheit des deutschen Nationalstaats vor Augen stand. Die meisterhafte Leitung der Friedensverhandlungen, die besonnene Mäßigung, die namentlich dem österreichischen Kaiserstaat gegenüber sich so nachhaltig bewährt hat, die geschickte Behandlung des napoleonischen Einspruchs, die sofortige Aufnahme der Verhandlungen zur Gründung des deutschen Bundesstaates, erzeugten eine wohlbegründete Bewunderung des Ministerpräsidenten, und machten ihn, wenn nicht sogleich zum hochpopulären Mann, so doch zu einer Respektsperson der Nation. Als nun aber der weitsehende Staatsmann seinem Könige an der Spitze einer siegreichen Armee den Rat gab, dem Recht die Ehre zu geben und eine Indemnitätserklärung für die budgetlose Regierung der letzten Jahre einzuholen, ein Rat, den der hochherzige Monarch trotz des Widerspruchs einzelner Minister annahm, — da war an eine Aufrechterhaltung eines Widerspruchs gegen die glanzvoll bewährte Reorganisation nicht mehr zu denken. Die Indemnitätserklärung, die von der konservativen Partei irriger Weise als eine Demütigung der Krone, von der Fortschrittspartei, wohl in ihrer Mehrheit, als eine Anerkennung eines schrankenlosen Geldbewilligungsrechts in ihrem Sinne verstanden wurde, war in Wirklichkeit nicht mehr als die Anerkennung, daß das A.-H. darauf verzichte, event. eine Ministeranklage wegen der ohne Parlamentsbewilligung verausgabten Gelder zu erheben. Kein Staatsgerichtshof hätte auf solche Anklage anders urteilen können, als daß die Finanzverwaltung in der Zwischenzeit rechtschaffen geführt, und die Mehrausgaben für das Heer in Voraussicht ihrer Notwendigkeit bona fide gemacht seien. Eine solche Indemnitätserklärung ließ sich daher nicht verweigern, und es war nur eine doktrinäre Festhaltung eines sogenannten Prinzips, vermöge deren eine bescheidene Minorität noch dagegen stimmte, während eine konservative Gruppe der Krone damit etwas zu vergeben glaubte.

Das Bedenken lag vielmehr an einer anderen Stelle. Einer Indemnität hätte es bedurft für die in Widerspruch mit vorhandenen Landesgesetzen durch administrative Maßregeln durchgeführte Änderung des Umfangs und des Rahmens der Armee. Da aber die öffentliche Meinung sich immer nur mit einer Frage beschäftigt, so stand der Finanzpunkt jetzt allein im Vordergrund. Da die Staatsregierung, insbesondere der Kriegsminister die Frage bisher nur als Budgetfrage anerkannt hatte, so war es von dieser Seite konsequent, den Indemnitätsantrag nur für die budgetlose Verwaltung zu stellen. Die öffentliche Meinung hatte, wie gewöhnlich, über dem glücklichen Erfolg die Rechtsfrage vergessen.

Die Lage eines Rechtsverständigen, der nun seit mehreren Jahren die Meinung der Majorität des Hauses zu vertreten berufen war, erschien dieser Sachlage gegenüber in der That schwierig und peinlich. Der eigentliche Gegenstand einer Indemnität war der Widerspruch, in welchem sich die Staatsregierung seit 1860 mit den Landesgesetzen von 1814—19 über die Heeresorganisation befunden hatte, während die Verausgabung der Staatsgelder für die neuen Kadres nur die sekundäre Folge davon gewesen war. Auch nach der Indemnitätserklärung blieb der Standpunkt des Staatsministeriums bestehen, daß jede Änderung der Heeresorganisation lediglich Sache des Kriegsherrn sei, ohne Mitwirkung der Landesvertretungen. Ich machte daher den Vorschlag: „unter freudig dankbarer Anerkennung des Geschehenen“ die Indemnität auszusprechen, aber in Verbindung mit einem Gesetz über die Ministerverantwortlichkeit in der Wortfassung, wie solchen Entwurf das Ministerium Hohenzollern selbst vorgelegt hatte, um damit in Zukunft eine Garantie gegen die ministerielle Auslegung unserer bestehenden Gesetze zu gewinnen, und der bisherigen Schutzlosigkeit unseres öffentlichen Rechts abzuhelfen. Ich konnte mir nicht verhehlen, daß dieser Standpunkt unter der öffentlichen Meinung ein isolierter bleiben werde. Er fand in der That keine Zustimmung: aber wenige Jahre nachher haben die damaligen Ausführungen ihre Erfüllung gefunden in der Kreis-Ordnung von 1872 und in der Einführung einer Verwaltungsrechtsprechung, welche die sinngemäße Auslegung unserer Verwaltungsgesetze in deutscher Weise von unten herauf in weitem Maße sicher stellt.

Die Harmonie zwischen Staatsregierung und Landesvertretung war durch diesen glücklichen Ausgang wieder hergestellt. Es war aber mehr als eine bloße Anerkennung des Erfolgs, wie dies später so vielfach behauptet ist, es war vielmehr die rechtliche und sittliche Lösung eines schweren Konflikts durch ein drittes, höheres Ziel, in welchem sie zusammentrafen, — als Lösung eines schwersten Konfliktes ein höchstes Ziel.

XII.

Die Heeresorganisation im neuen deutschen Bundesstaat.

Mit dem Übergang der preußischen Heereseinrichtungen auf die nunmehr mit Preußen verbundenen Mittel- und Kleinstaaten Deutschlands traten neue Gesichtspunkte und Aufgaben in den Vordergrund, welche zu einem überraschenden Wechsel der Standpunkte geführt haben.

Der nächstliegende Gedanke war, die Heereslast, welche bisher so schwer auf Preußen allein gelegen hatte, auf die verbündeten Staaten gleichmäßig zu verteilen, die persönliche wie die Geldlast des Heeres unter den Unterthanen des deutschen Reichs auszugleichen, aus dem Heere einen einheitlichen Körper unter einer Militärverwaltung nach gleichen Grundsätzen zu bilden.

Zu dem Zweck wurde schon in den Entwurf zu der norddeutschen Bundesverfassung der kühne Satz aufgenommen, durch welchen alle Gesetze, Verordnungen und Reglements des preußischen Heerwesens kurzweg auf die vereinigten Staaten übertragen werden, — ein Unifikationsversuch, wie er in Deutschland wohl seit der karolingischen Zeit nicht unternommen war. Er gelang aber durch das Übergewicht Preußens, unter der meisterhaften Führung eines großen Staatsmannes und unter der gehobenen Stimmung der Zeit.

Mit der Übertragung der Gesetze Preußens wäre nun aber nur das geschriebene Recht der publizierten Gesetze von 1814—1819 auf den norddeutschen Bund übertragen worden, also ein gesetzlicher Rahmen der Armee, der einen Präsenzstand von etwa 131 000 Mann ergab, und nur eine analoge Anwendung auf die Mittel- und Kleinstaaten zugelassen hätte. Für die reorganisierte Armee von 1860 bestand nicht einmal eine k. Verordnung oder ein publiziertes Reglement. Es traten nun eben die Übelstände hervor, die aus der Irregularität der preußischen Ministerverwaltung entstehen, wenn man neue Grundeinrichtungen im Widerspruch mit publizierten Gesetzen durch einzelne Verwaltungsmaßregeln durchzuführen unternimmt.

Der bisherige Standpunkt des preußischen Kriegsministeriums, nach welchem der König den Präsenzstand des Heeres nach den jedesmaligen Staatsverhältnissen bestimmen sollte, ließ sich in dem neuen Bundesstaat nicht aufrecht erhalten. Weder die verbündeten Regierungen noch die Landesvertretungen, noch die neuen Unterthanen des deutschen Bundesstaats hätten sich eine solche diktatorische Gewalt des Königs von Preußen gefallen lassen, die noch über das hinausgegangen wäre, was Napoleon I.

seinen Rheinbundvasallen zugemutet hatte. Die gewaltige Autorität des Königs, die in Preußen — genügte, um eine Heereseinrichtung auch im Widerspruch mit der Landesvertretung zu schaffen und aufrecht zu erhalten, war im Deutschen Bundesstaat in seiner lockeren Fügung überhaupt nicht vorhanden. Die preußische Regierung sah sich daher genötigt, den Widerspruch ihrer Reorganisation mit den Landesgesetzen in allen drei Hauptfragen zu beseitigen, und die so lange versagten gesetzlichen Normen nunmehr zustande zu bringen.

I. Ein neues Gesetz zu schaffen, welches die fünfjährige Dienstzeit in der Feldarmee auf sieben Jahre verlängert, und unter Beibehaltung des dreijährigen Dienstes bei den Fahnen die Zeit der Reservepflicht auf vier Jahre ausdehnt. Diese Zumutung war keine geringe für die Millionen neuer Unterthanen, die in dem norddeutschen Bundesstaat jetzt dem preußischen Heersystem zutraten, und welche bisher an eine leichtere Dienstpflicht gewöhnt waren. Auch von seiten der preußischen Fortschrittspartei erklärte der Abgeordnete Dr. Waldeck, die preußische Reorganisation sei von der Volksvertretung niemals anerkannt, und zwar am wenigsten die Verlängerung der Dienstzeit im aktiven Heere.

Auf der andern Seite machten indessen die Reden des Abg. Grafen Moltke und die Stellung der jetzt vermittelnd eintretenden neuentstandenen nationalliberalen Partei einen überwiegenden Eindruck. Viele Mitglieder hatten auch vom Standpunkt des Laien aus, namentlich aus den Hergängen des preußisch-österreichischen Krieges den Eindruck gewonnen, daß bei der jetzigen rasch fortschreitenden Vervollkommnung der Feuerwaffen, der jetzt veränderten Taktik, der Auflösung des Kampfes in Einzelgefechte, den erhöhten Ansprüchen an die Entschlossenheit und Umsicht des einzelnen Mannes unter gleichzeitiger Gewöhnung an einheitliche Führung und Zusammenhalt der Truppe, — daß alle diese Umstände den Schwerpunkt des Feldheeres viel mehr als bei der Organisation von 1815 in die stehende Armee gelegt haben. Der Gesichtspunkt der „Verjüngung" der Feldarmee, der bescheidenere Umfang der Landwehr als Ergänzung derselben hatte jetzt in weiteren Kreisen Anerkennung gefunden. Die Verlängerung der Dienstzeit im stehenden Heere fand daher keinen überstarken Widerstand mehr, und wurde jetzt durch Aufnahme in die Verfassungsurkunde dauernd gesichert.

Die Forderung der zweijährigen Präsenzzeit bei der Infanterie wurde zwar wiederholt, blieb aber unter dem Eindruck der eben bezeichneten Momente in der Minorität.

II. Ein Kontingentsgesetz mit Feststellung einer fixierten Präsenzzahl wurde jetzt aus der Initiative der Staatsregierung eingeführt und auf das Dringendste befürwortet. Der Entwurf der Verfassungsurkunde enthält bereits den Satz:

„Die Friedenspräsenzstärke des Bundesheers wird auf 1% der Bevölkerung von 1867 normiert und pro rata derselben von den einzelnen Bundesstaaten gestellt; bei wachsender Bevölkerung wird nach je 10 Jahren ein anderweitiger Prozentsatz festgesetzt werden."

Man hatte den Satz von 1% wohl gewählt, weil dies der Normalsatz des Heeres unter der alten deutschen Bundesverfassung gewesen war und man dafür auch die Zustimmung der verbündeten Regierungen finden konnte.

Allein bei diesem Punkte erhob sich ein überaus lebhafter Widerstand. Von Seiten der Fortschrittspartei erklärte der Abg. Dr. Waldeck sehr kategorisch, die preußische Reorganisation könne auch an dieser Stelle nicht anerkannt werden, und zwar weder die Verlängerung der Dienstzeit im aktiven Heere, noch die Feststellung eines Friedenspräsenzstandes, noch irgend eine Festlegung militärischer Posten im Staatshaushalt. Dem wackeren Vertreter des Privatrechts war es nun einmal unverständlich, eine Budgetbewilligung durch Verwaltungsgesetze zu beschränken. Jede Bindung der Volksvertretung bei ihrer Ausgabebewilligung durch gesetzlich festgestellte Schranken erschien jener Parteianschauung noch immer als eine „Vernichtung" des Budgetrechts.

Aber auch bei den konstitutionellen Theoretikern war der Gedanke von dem unbeschränkten Ausgabebewilligungsrecht als dem Grund- und Eckstein alles konstitutionellen Staatswesens noch immer lebendig, ja sogar die Idee, daß die jährliche Bewilligung einer Mutiny Act eigentlich das normale Verhältnis einer Militärverfassung darstelle, — eine Idee, die ich gegen Ende der Sitzung durch eine Flugschrift (Budget und Gesetz, 1867) ohne wesentlichen Erfolg zu bekämpfen suchte. In einer Anzahl deutscher Verfassungen hatte die Idee von einem schrankenlosen Geldbewilligungsrecht so sichtbare Spuren hinterlassen, daß die Anhänger dieser „konstitutionellen Wahrheit" außer Preußen noch zahlreicher waren als in Preußen. Die Anhänger des absoluten Budgetrechts befanden sich daher hier wieder in einer Majorität. Ich habe bei der Diskussion (unter Beistimmung des Abg. Grafen Moltke) noch einmal mit der äußersten Energie die Notwendigkeit eines Kontingentsgesetzes vertreten. Die Festlegung der Friedenspräsenz sei vor Allem notwendig um des Staats willen. Die diplomatische und finanzielle Lage unserer Staaten biete in jedem Jahre ein Aussehen dar, welches sich in den nächstfolgenden Jahren als irrig erweise. Die Nation sei es sich selbst schuldig, ihre Wehrhaftigkeit nicht von jährlich wechselnden Beschlüssen abhängig zu machen, welche unter der verführerischen Aussicht auf Frieden in die gefährliche Methode verfalle, ihre Finanzbeklemmungen durch die Streichung von einem paar Regimentern zu heben. Die Festlegung sei notwendig für den Heereskörper, weil zur gleichmäßigen Ausfüllung der Kadres gleichmäßige Jahrgänge von je sieben und fünf Jahren erforderlich seien und durch Ausfall oder Verkürzung eines Jahrganges eine Verstümmelung entstehe. Sie sei notwendig zur Aufrechterhaltung der allgemeinen Wehrpflicht, die sich auf die Dauer nicht aufrecht erhalten lasse, wenn durch jährlich wechselnde Budgetbeschlüsse bald 50 000 Mann mehr eingestellt, bald 50 000 Mann freigelassen würden u. s. w. — Ich hatte dabei vorsichtig jede Erinnerung an den früheren Standpunkt des preußischen Kriegsministeriums vermieden, da es sich jetzt lediglich um die sachgemäße Ordnung der neuen Verhältnisse handelte.

Ein Mitglied der Linken konnte es sich indessen nicht versagen, dem Kriegsminister v. Roon vorzuhalten, daß er ja früher diese Ausführungen des Vorredners als Referenten im A.-H. so oft und so heftig bestritten habe, worauf Herr v. Roon nur zu erwidern hatte: der Referent (Dr. Gneist) könne ja alles beweisen, — gewiß rednerisch sehr geschickt, aber es saßen wenigstens 50 Zeugen in der Versammlung, die sich wohl erinnerten, daß die Sache sich in der That so verhielt.[11])

Allerdings wäre die Stellung der verbündeten Regierungen eine erheblich stärkere gewesen, wenn die reorganisierte Armee mit einem festen Organisationsgesetz in den neuen deutschen Bundesstaat eingetreten wäre. Andererseits war aber doch die Zahl der Abgeordneten zu groß, die noch keine Erfahrung mit ihren Budgettheorien in den Konsequenzen und Konflikten zu machen die Gelegenheit gefunden hatten. Die bindende Kraft aller Gesetze auch im Verwaltungsgebiet war vielen der Herren noch so wenig geläufig, daß ihnen das Kontingentsgesetz unter dem Schreckbild eines „Äternats“ erschien, — als Übernahme einer unerschwinglichen Last auf ewige Zeiten. Kurz es war vergeblich, für den Vorschlag der Reichsregierung eine Majorität zu gewinnen. Auch in den Fraktionssitzungen kam immer wieder das Argument zum Vorschein, wir sollten doch nicht königlicher sein als der König, da ja in Preußen eine solche dauernde Bindung an die schwere Heerlast von der Staatsregierung selbst nicht für notwendig gehalten wäre. Am schwersten namentlich waren die oberflächlichen Kenner der englischen Parlamentseinrichtungen von dem Widersinn zu überzeugen, der in der Übertragung der Einrichtungen der englischen Soldarmee auf eine deutsche Wehrverfassung liegt. Es erwies sich als unmöglich, die Mehrheit zu einer Anerkennung einer gesetzlichen Festlegung auch nur auf 10 Jahre zu bewegen, und mit Mühe und Not ging das Amendement Forckenbeck durch, welches die Dauer dieses Friedensstandes bis zum 31. Dez. 1871 beschränkte. „Für die spätere Zeit wird die Friedenspräsenzstärke des Heeres im Wege der Bundesgesetzgebung festgestellt.“ In namentlicher Abstimmung wurde dies Amendement mit 137 gegen 127 Stimmen angenommen, und im Verlauf weiterer vertraulicher Verhandlungen auch von den verbündeten Regierungen als Kompromiß acceptiert.

Damit entstand nun aber von neuem der Zweifel, was nach Ablauf dieser Frist geschehen solle. Auch die Regierungsvorlage ließ denselben Zweifel bestehen, was nach Ablauf der von ihr genannten 10jährigen Frist geschehen solle. Verschiedene Amendements suchten auch für die Zukunft mindestens denselben Präsenzstand verfassungsmäßig zu sichern. Insbesondere ging ein Amendement des Grafen Moltke dahin:

„Die durch Art. 56 und 58 bestimmten Leistungen dauern fort bis zur Publikation des neu zustande zu bringenden Bundesgesetzes."

Doch auch dies Amendement wurde in namentlicher Abstimmung mit 136 gegen 123 Stimmen abgelehnt. Es geht den heutigen Versammlungen ungefähr ebenso wie den alten Landständen, die sich so lange sträubten, ihre periodischen Subsidienbewilligungen durch dauernd bindende Steuergesetze zu ersetzen. Der Kriegsminister v. Roon hatte übrigens die vorgeschlagene 10jährige Dauer der Friedenspräsenzzahl damit motiviert, daß man im Interesse der Staats- und Volkswirtschaft einen möglichst gleichmäßigen Status festhalten wolle. Nach Ablauf der 10jährigen Frist solle nicht notwendig die Präsenzzahl erhöht werden auf 1% der dann voraussichtlich gewachsenen Bevölkerung, sondern er sei persönlich der Meinung, daß man eine Erhöhung der jetzigen Präsenzzahl von rot. 300 000 Mann in Zukunft nicht nötig haben werde. Diese Voraussage hat sich freilich nicht erfüllt infolge von Ereignissen, welche niemand vorher zu berechnen imstande war.

III. Für die neue Regelung des Heerbudgets entstand jetzt eine neue Schwierigkeit dadurch, daß die Unifikation des deutschen Heeres eine Übertragung der preußischen Einrichtungen auf die verbündeten Mittel- und Kleinstaaten und eine Reihe neuer Formationen notwendig machte. Es war in diesem flüssigen Übergangsstadium in der That nicht möglich, einen Jahresetat schon im Voraus festzustellen, die Kriegsverwaltung mußte vielmehr für die Verwendung der Geldmittel in weitem Maße freie Hand behalten. Nach zahlreichen Präzedenzfällen konstitutioneller Staaten war der gegebene Weg dafür die Bewilligung von Pauschquanten, welche der Verwaltung die weitesten Befugnisse zu virements geben. Man ermittelte einen Jahresbetrag von 225 Thalern auf den Kopf, multiplizierte diese Zahl mit der vereinbarten Präsenzzahl der Friedensarmee, und nach einigem Sträuben gegen diese „Beschränkung des Budgetsrechts“ wurde auch dies auf den Zwischenzustand bis zum 31. Dezember 1871 als Kompromiß angenommen.

So waren denn die drei Konfliktsfragen der preußischen Heeresverfassung wieder durch eine Art von Interim glücklich beigelegt. Noch ehe aber die in der norddeutschen Verfassungsurkunde vereinbarte Frist abgelaufen war, brach der deutsch-französische Krieg aus, welcher noch einmal die Vortrefflichkeit der deutschen Heeresverfassung durch unerhörte Erfolge bewähren sollte. Die infolge dieser Ereignisse eintretende Konsolidation des deutschen Bundesstaats und die Kreierung der Kaiserwürde erzeugte in dem neugewählten Reichsparlament eine gehobene patriotische Stimmung, welche auch der Stellung des Heeres in jeder Richtung zu Gute kam. Die bisher als Pauschquanta berechneten Kosten des Heeres (225 Thlr. auf jeden Kopf der Friedenspräsenzstärke) mußten aber noch einmal kontinuiert werden, da die Einfügung der bayerischen und württembergischen Armeekorps neue Formationen nötig machte, die nur durch Bewilligung von Pauschquanten ausführbar waren. Schon mit Rücksicht hierauf begnügte man sich, den Friedensstand der Armee mit einem Pauschquantum von 90,373275 Thalern bis zum 31. Dezember 1874 zu bewilligen. Erfreulich aber war es, daß unter den veränderten Stimmungen das Schreckbild des „Äternats“ nicht mehr die frühere Rolle spielte, und daß man sich unverkennbar an den Gedanken gewöhnte, es sei einigermaßen billig, daß, wenn man eine Staatsregierung an die Schranken der Gesetze binden wollte, die Volksvertretung doch auch gewissermaßen sich an die Gesetze binden müsse. Es war jetzt viel seltener mehr die Rede davon, daß es eine Vernichtung des Budgetrechts sei, wenn die Bewilligungen im Reichshaushaltsetat eine gesetzlich feststehende Präsenzzahl zu Grunde legen müßten. Diese Schwergeburt in den politischen Vorstellungen bildet sich langsam aus zahlreichen Konflikten. Im preußischen Abgeordnetenhaus und seiner Budgetkommission war sie daher schon etwas früher gereift und in wichtigen Präzedenzfällen (z. B. bei der Bewilligung des Etats der Gendarmerie-Offiziere) zur Anerkennung gelangt. Im deutschen Reichstag ist sie nun auch allmählich zur Reife gekommen (in neueren Präzedenzfällen sogar auch in der französischen Deputiertenkammer). Ist der Grundsatz aber einmal stillschweigend angenommen, so erweitert er sich auch allmählich auf alle gesetzlich bestehenden Institutionen des Staats, die in der bisher geordneten Gestalt fortdauern müssen, weil ihre Aufrechterhaltung Staatspflicht ist. Mehr als ein stillschweigendes Anerkenntnis kann man bei solchen Fragen nicht verlangen, wie denn auch das englische Parlament seine Unterordnung unter diese Schranke kaum jemals ausdrücklich ausgesprochen, sondern nur durch eine gleichmäßige Übung stillschweigend anerkannt hat. Den „charakterstarken“ Mitgliedern bleibt dann immer noch die Freiheit, nach Annahme eines Postens im Staatshaushalt zu erklären, daß man diesen Posten auch hätte streichen können, ja daß man diesem Ministerium eigentlich das ganze Budget versagen könnte und sollte. [11])

Die Reichsregierung verkannte indessen keineswegs, daß durch die kurze Dauer des jetzigen Kontingentsgesetzes doch wieder von Neuem der schwere Streit über die Friedenspräsenz sich erheben könne. Man kam daher vor Ablauf des neuen Interims im Kriegsdepartement auf den einst von der Opposition angeregten Gedanken zurück, den äußeren Rahmen der Armee in der Weise fest zu legen, wie dies durch die preußische Kabinetsordre vom 22. Dezember 1819 geschehen war. In bewunderungswürdiger Weise hat sich das Kriegsdepartement die Erfahrungen der Konfliktszeit zu Nutze gemacht (vgl. oben Seite 73 ff.): die Sicherstellung des Heeres im Staatshaushalt kann entweder durch Festlegung einer Friedenspräsenz oder durch Feststellung des Rahmens der Armee oder durch beides zugleich erfolgen. Dieser letztere Weg ist nunmehr eingeschlagen in dem umfangreichen Organisationsgesetz von 1874 (Reichsgesetzblatt S. 45). Die Friedenspräsenz des Heeres wird festgestellt auf 401,659 Mann, die Infanterie auf 469 Bataillone, die Kavallerie auf 465 Eskadrons, die Feldartillerie auf 300 Batterien, die Fußartillerie auf 29 Bataillone, die Pioniere auf 18 Bataillone, der Train auf 18 Bataillone. — Ein Infanterieregiment hat in der Regel drei Bataillone zu je vier Kompagnien, ein Kavallerieregiment in der Regel fünf Eskadrons, eine Brigade zwei oder drei Regimenter, die Division zwei oder drei Brigaden. Die Armee in Friedenszeiten bildet danach 18 Armeekorps. — Jede Kompagnie erhält in der Regel einen Hauptmann, 1 Premierlieutenant, 2 oder 3 Sekondlieutenants und die entsprechende Zahl von Unteroffizieren. — In gleicher Weise wird die Zahl der Stabs- und Generaloffiziere der Feldarmee festgestellt. Und (wie in der K.-O. von 1819) wird der Rahmen des Reichsheeres, der Korps, Divisionen, Brigaden, Bataillone, Kompagnien dauernd verbunden mit den Kreis- und Bezirksgebieten der deutschen Länder. „Die hiernach im Friedensstande notwendigen Offiziere, Ärzte, Beamtenstellen sowie die hieran erforderlich werdenden Änderungen unterliegen der Festsetzung im Staatshaushalt." Später sind obige Zahlen der Cadres etwas erhöht. Offen gelassen ist nur das, was nach den alten Erfahrungen der Kriegsverwaltung einem häufigeren Wechsel der Formation unterlag.

Sichergestellt ist damit in vorsichtigster Weise durch gesetzliche Festlegung die ganze Armee gegen willkürliche Verkürzungen in der Budgetberatung. Man verstand sich jetzt gegenseitig vollkommen, sowohl in der Kommissionsberatung wie im Reichstag. Die notwendigen neuen Formationen, denen zu Liebe das Militärbudget bisher in einem Pauschquantum bewilligt war, waren jetzt beendet, und es war kein Grund mehr vorhanden, das Heeresbudget anders zu behandeln, als alle übrigen Teile des Reichshaushalts. Vom Jahre 1875 an trat daher im Militärbudget die gewöhnliche Aufstellung nach Titeln und Kapiteln ein, und für den Reichstag die gewöhnliche Prüfung des Bedürfnisses mit der Maßgabe, daß die Anschläge zwar ermäßigt werden konnten, aber nicht ermäßigt durch Verkürzung an dem gesetzlichen Rahmen der Offiziere, Unteroffiziere und der Gesamtzahl der Mannschaften. Die verbündeten Regierungen hatten keinen Grund, der Einsicht und dem guten Willen des Reichstags in dieser Beziehung zu mißtrauen.

Die Reichsregierung beansprucht nun aber natürlich, daß auch die Präsenzzahl von 401 659 Mann als integrierender Teil der Verfassung ohne Zeitbeschränkung fortbestehen solle, und wurde darin auch durch eifrige Reden aus dem Hause unterstützt. Allein nochmals erhob sich dagegen ein Widerspruch von allen Seiten. Gerade deshalb, weil der Reichstag jetzt die Maxime stillschweigend anerkannte, daß bei Festsetzung des Etats die gesetzmäßigen Normen bindend seien, regte sich wieder der Wunsch, lieber diese Zahlenfeststellung alljährlich den Budgetbeschlüssen zu überlassen. Das Gemeingefährliche der alten Budgettheorien war und blieb das Einleuchtende für den gemeinen Verstand. Württembergische, bayerische, badische Mitglieder brachten aus ihren Verfassungsurkunden jetzt wieder Reminiszenzen an das alte System der Subsidienbewilligungen mit, und neu gewählte Mitglieder waren für den einfachen Gedanken einer unbeschränkten Bewilligung leichter zugänglich als ältere, welche die Konsequenzen und Konflikte mit uns durchgemacht hatten. Allmählich zeigte sich auch der Reichskanzler Kompromißideen auf eine siebenjährige Feststellung der Präsenzzahl zugänglicher, als Viele von uns erwartet hatten. Der Abgeordnete von Forckenbeck, und auch manche nationalliberale Mitglieder hatten doch anscheinend Recht, wenn sie geltend machten, daß der durch das Gesetz von 1874 dauernd festgestellte Rahmen der Armee in Verbindung mit dem verfassungsmäßigen Grundsatz der allgemeinen Wehrpflicht auf drei Jahre im stehenden Heere wohl genüge, um in sinngemäßer Ausführung den Bestand des Reichsheeres gegen jede erhebliche Kürzung zu schützen, auch wenn keine arithmetische Feststellung der Präsenzzahl stattgefunden habe. Dazu kam, daß für den Fall einer hier etwa bleibenden Lücke das Verordnungsrecht des Kaisers eintreten konnte. Es kam hier in Betracht der Absatz 4 des Artikels 63 der Verf.=Urk.

„Der Kaiser bestimmt den Präsenzstand, die Gliederung und die Einteilung der Kontingente.“ Der Sinn dieses Vorbehalts wurde bei Beratung der Verfassungsurkunde vielfach angezweifelt. Wahrscheinlich war es der dem Gedächtniß Kaiser Wilhelms unvergeßlich eingeprägte Satz des Preußischen Wehrgesetzes von 1814, Artikel 3: „Die Stärke des Heeres und der Landwehr wird nach den jedesmaligen Staatsverhältnissen bestimmt“, der in dieser Fassung konserviert werden sollte.

Der Satz konnte auch kein Bedenken erregen, so lange im Artikel 60 die Präsenzzahl arithmetisch festgelegt war, er verstand sich dann unzweifelhaft als innerhalb jenes Maximums gemeint. Wenn aber mit Ablauf des Septennats jene Schranke wegfiel, so gewann der obige Satz den Sinn, daß damit das kaiserliche Verordnungsrecht zur Feststellung der Zahl einträte. Die Rechtsgelehrten streiten über die eine oder andere Auslegung bis heute, aber der Fürst=Reichskanzler war unzweifelhaft jener Meinung und sprach sie nach seiner Gewohnheit offenherzig aus. Wäre es also noch einmal zu einem Konflikt gekommen, so würde der Reichskanzler noch einmal seine berühmte Rede vom Januar 1863 (oben Seite 90) gehalten haben, und wahrscheinlich mit demselben Erfolg; denn die öffentliche Meinung würde ihm unzweifelhaft darin beigetreten sein, daß der gesetzlich feststehende Rahmen der Kadres und Offiziere auch durch die entsprechenden Mannschaften ausgefüllt werden müsse. — Dennoch glaubten viele von uns, daß dieser Zeitpunkt unter der wachsenden Autorität des Kaisers Wilhelm, des Fürsten=Reichskanzlers und des Grafen Moltke wohl geeignet gewesen wäre, beim Ablauf des Septennats eine normale Präsenzzahl, ohne Zeitbeschränkung zu Stande zu bringen. Zu einiger Überraschung brachte aber die Reichsregierung beim Ablauf des Septennats aus eigener Initiative wieder nur einige Sätze auf siebenjährige Dauer in Vorschlag, — wohl in Rücksicht auf veränderte Verhältnisse im Innern wie nach außen. [12])

Inzwischen waren nämlich Änderungen in der politischen Lage Deutschlands und Europas eingetreten, die in einer kaum vorherzusehenden Weise die deutsche Reichsregierung zu einer veränderten Stellungnahme veranlaßt haben. Mit einer überraschenden Energie hatte die französische Nation das preußische Heersystem angenommen, die Kadres des Heeres, der Reserven, der Territorialarmee vervielfältigt, unter bereitwilliger Gewährung aller Geldansprüche ihre Armee dem bewährten Muster entsprechend reorganisiert. Es entwickelte sich hier eine dem deutschen Heer in der Formation ebenbürtige Gestaltung. Das preußische System mit seiner persönlichen Wehrpflicht hatte die Bewunderung und die Nachfolge Europas gefunden, in weitem Maße auch in Rußland, welches infolge seiner verfehlten orientalischen Politik aus einem zuverlässigen Freunde zu einem gleichgiltigen Nachbar und in wachsendem Maße zu einem nationalen Gegner geworden war. Man hatte bisher bei der gesetzlichen Feststellnng der Friedensstärke immer nur daran gedacht, die Armee gegen eine Herabminderung aus Ersparungsrücksichten sicher zu stellen, zu verhüten, daß nicht bei zeitweise friedlichen Aussichten die Energie der Heeresverwaltung erschlaffe, wie dies Frankreich und in größerem oder geringerem Maßstabe fast alle europäischen Staaten in der ersten Hälfte des Jahrhunderts erfahren hatten. In der immer mehr bedrohten Lage Deutschlands war an eine Verminderung der stehenden Armee nicht zu denken, und auch ein oppositionell gestimmter Reichstag würde dies wohl nicht gewagt haben. Aber die Reichsregierung, in voller Kenntnis der stetig wachsenden Heeresmacht feindlich gesinnter Nachbarn, sah voraus, daß, solange dieser Zustand dauere, vielmehr eine Vermehrung der Heereskräfte unvermeidlich sein würde. Bei dem Vorschlag eines neuen Septennats hatte der Reichskanzler anscheinend erwogen, daß die nicht leicht durchzubringende erhöhte Heerlast mit doppelten Schwierigkeiten zu kämpfen haben würde, wenn sie sich als dauernd zu übernehmende Last präsentiere. Wie vorherzusehen war, stieß die neue Erhöhung auf einen heftigen Widerstand einer Mehrzahl der Fraktionen, welche teils ein geringeres Maß, teils eine Bewilligung auf höchstens drei Jahre oder noch kürzere Zeit verlangten. Allein die Reichsregierung vertraute in dieser Lage dem allgemeinen Stimmrecht mehr als dem jetzt schon durch Interessenkämpfe mannigfaltig gespaltenen Reichstag. Der Auflösung der Versammlung folgte eine Neuwahl (1887), durch die sich die negierenden Parteien in eine Minderheit versetzt sahen. Unverkennbar hatte die Masse der Wähler die gefährdete Lage des Reichs in stärkerem Maße anerkannt als die bisherige Reichsvertretung. Das neue Septennat mit seinen erheblichen Erhöhungen fand nun eine reichlich genügende Majorität.

Drei Jahre später ergaben die Neuwahlen von 1890 zwar wieder ein starkes Anwachsen der zur Opposition neigenden Gruppen: aber nicht aus dem Grunde der „unerschwinglichen" Heereslast, sondern aus volkswirtschaftlichen Gründen, besonders aus dem Grunde der durch die Zölle verteuerten Nahrungsmittel der handarbeitenden Klassen, welche in lebhaftesten Bildern den Wählern so vorgeführt wurden, daß sie einen starken Eindruck nicht verfehlen konnten. Während so die Aussichten der Reichsregierung auf die Bereitwilligkeit des Reichstags erheblich sanken, hatte sich andrerseits in Frankreich der Eifer für die Erhöhung der Kriegsmacht seit 1889 so gesteigert, daß die französische Armee in ihrer Gesamtzahl und in einzelnen Formationen das deutsche Heer um etwas zu überflügeln begann, — nicht zu gedenken der verbrüderten Kriegsmacht im Osten, da auch Rußland mit unermüdeter Energie die Vermehrung seiner Heeresmassen und deren Vorschiebung gegen die westlichen Grenzen fortsetzte.

Aus dieser Situation ging die Militärvorlage von 1892 hervor in einer wirtschaftlich tief verstimmten, politisch zerfahrenen, der Übernahme neuer Heereslasten sehr wenig geneigten Zeit.

Zur Milderung der schweren Zumutung bietet die Reichsregierung die Verkürzung der Dienstzeit bei den Fahnen in der Infanterie von drei auf zwei Jahre und eine verkürzte Dauer des Gesetzes von fünf Jahren.

XIII.

Die Militärvorlage von 1892.

Der wunderbare Wandel der Standpunkte in dem 30jährigen Streit über die Heeresorganisation beruht auf inneren Bewegungen der Gesellschaft, deren Darstellung die allgemeine Geschichte kaum gerecht werden kann. In jedem Stadium des preußischen Konflikts aber erscheinen die streitenden Teile gleich in ihrem redlichen Glauben an ihr Recht, in ihrem deutschen Pflichtgefühl und ihrer Vaterlandsliebe. Eben deshalb ist der Ausgang des Streits ein ruhm- und segensreicher gewesen, wie immer, wo ernste Gegensätze zu überwinden sind, die sich nur in einem dritten, höheren Ziele zusammenfinden können. Deutschland galt auf der Höhe des Mittelalters in Europa als der Musterstaat in Erfüllung der höchsten Staatspflichten durch die Gesellschaft. Seit der Reformationszeit ging die Hegemonie verloren an westliche Nachbarn. Im 19. Jahrhundert ist sie wieder gewonnen durch den Grundsatz der allgemeinen Wehrpflicht, und heute gilt es nur, das schwer Errungene aufrecht zu erhalten.

Der Wechsel der Standpunkte tritt nun aber auf das Grellste hervor in dem Kontrast der Militärvorlagen von 1862 und 1892.

Die Opposition von 1862 richtete sich zunächst gegen die Zurücksetzung der Landwehr, die, auf 4 Jahrgänge verkürzt, nur noch Festungstruppe bleiben sollte. Jetzt ist nicht nur die Landwehr in zweimal 5 Jahrgängen, sondern sogar der Landsturm wieder hergestellt. Die Landwehr I. Aufgebots ist Feldtruppe geblieben, aber die öffentliche Meinung ist einverstanden mit einer schonenderen Verwendung derselben. Wir werden uns heute bescheiden müssen, daß in der fortgeschrittenen industriellen Gesellschaft die allgemeine Wehrpflicht zwar fortdauern kann und muß, daß sie aber wohl einer stärkeren Ergänzung durch das Berufssoldatentum bedarf. Wir müssen uns auch in unserer bürgerlichen Selbstverwaltung eine erhebliche Ergänzung durch das Berufsbeamtentum gefallen lassen. Für die Selbstthätigkeit in Gemeinde und Staat bieten sich dennoch immer neue Gebiete und Wege dar.

Die Opposition von 1862 bestritt eine Neuorganisation, die im Widerspruch gegen frühere Landesgesetze eine Neugestaltung durch administrative Maßregeln herstellen wollte: die jetzige Regierungsvorlage beansprucht in korrektester Weise die Zustimmung des Reichstages zu einem verfassungsmäßigen Gesetz, und zwar mit Rücksicht auf das bisherige Widerstreben des Reichstags gegen ein sogenanntes „Äternat“, nur zu einem Gesetz auf 5jährige Dauer.

Seit 30 Jahren geht das Verlangen der Gesellschaft auf Verkürzung der Präsenzzeit bei den Fahnen von 3 auf 2 Jahre. Hier lag von Anfang bis zu Ende der Schwerpunkt des Streits, das Problem der heutigen Heeresverfassung. Die allgemeine Wehrpflicht wurde von Jahr zu Jahr unvereinbarer mit der voll durchgeführten 3jährigen Dienstzeit: ihrer Abkürzung aber stand ein hoher persönlicher Wille aus tiefer Überzeugung, und es standen ihr ernste technische Bedenken entgegen, die nur durch intensivere Leistungen des Berufssoldatentums zu überwinden sind. Endlich ist durch die maßgebende Konzession die Urquelle des Streits geschlossen, und es ist ein vergebliches Bemühen, jetzt den entscheidenden Wert dieser Zugeständnisse herabsetzen, die Frage der 2- oder 3jährigen Dienstzeit zu einer querelle allemande degradieren, oder ableugnen zu wollen, daß dies seit 30 Jahren die Hauptforderung der liberalen Partei, die freisinnigen Wortführer an ihrer Spitze, gewesen ist. Manche heutigen Ausführungen erinnern an die kleinliche Maxime des Markthandels, in welchem der Käufer den Wert der Ware nach Kräften zu bemängeln sucht. Solche Kunststücke der Tagespresse mögen die Tagesmeinung ihrer andächtigen Leser bestimmen, nicht aber die öffentliche Meinung einer einsichtigen patriotischen Nation.

Die Opposition von 1862 stand einer Vorlage gegenüber, welche nur von Militärpersonen, auch in ihren rechtlichen und volkswirtschaftlichen Gesichtspunkten vertreten wurde, und das Haus wie die Kommissionen hatten nicht selten Veranlassung, sich über eine brüske Behandlung zu beschweren, die dann freilich auch in ähnlicher Weise erwidert wurde. Die jetzige Vorlage hat ihre vielseitige Vorberatung im deutschen Bundesrat und dann im preußischen Ministerrat gefunden, ist von dem Reichskanzler mit den sachlichsten Erwägungen eingeführt, und mit aller Zuvorkommenheit und Geduld in den Kommissionsberatungen vertreten worden.

Bei aller Neigung unseres Parteiwesens, aus jeder Differenz eine „Prinzipienfrage" zu machen, wird es sich als unmöglich erweisen, der Militärvorlage von 1892 irgend eine „Prinzipienfrage" abzugewinnen, die sich auf das Verhältnis von Staatsregierung und Volksvertretung oder auf das Gebiet der Grundrechte bezöge.

Ein Hauptgegensatz tritt aber hervor in der völlig verschiedenen politischen Lage, in welcher 1862 und 1892 eine solche Militärvorlage zur parlamentarischen Beratung gelangt. Im Jahre 1862 war keinerlei drohende Konstellation an dem politischen Horizonte Europas zu entdecken. Die Vorlage erschien dem Hause nur als eine technisch militärische Maßregel, die man (wenn auch mit Unrecht) auf ein Vorurteil des Berufssoldatentums gegen die Landwehr zurückführen zu müssen glaubte. Kein Anzeichen irgend einer Art deutete auf eine höhere Bestimmung dieser gewaltigen Verstärkung der Heereskräfte. Der Volksvertretung stand nur vor Augen eine fast ein halbes Jahrhundert fortdauernde Unthätigkeit des Heeres. Heute wissen wir, was diese militärische Macht bedeutet, wozu sie bestimmt ist, was sie geleistet hat, um der deutschen Nation das höchste Ziel ihres Strebens zu verwirklichen, — daß es sich heute darum handelt, die wiedererlangte Stellung Deutschlands als Weltmacht zu behaupten. Seit den ruhmreichen Tagen von 1870/71 hat sich aber die militärische Lage Deutschlands völlig verändert.

Die beiden Großmächte im Osten und im Westen Deutschlands haben wie erwähnt ihre aktive Heeresmacht annähernd verdoppelt in der erklärten Absicht des Angriffs gegen Deutschland. Ob es dem russischen Kaiser damit ernst ist, läßt sich bezweifeln, nicht aber bezweifeln, daß es der panslavistischen Nationalbewegung damit ernst ist. Trotz der trostlosen Lage des russischen Bauerntums hat der nationale Haß gegen Deutschland die schwersten Lasten des persönlichen Kriegsdienstes willig auf sich genommen und die Vorschiebung großer Heeresmassen gegen die deutsche Grenze freudig begrüßt. Ob es aber den Franzosen ernst ist mit der Idee der Revanche? Zur Überraschung Europas hat die französische Nation die furchtbaren Niederlagen von 1870 durch patriotische Anstrengungen wettzumachen unternommen. Die Republik hat über Erwarten sich entwickelt und behauptet. Die besitzenden Klassen Frankreichs haben die allgemeine Wehrpflicht, welche selbst Napoleon I. nicht durchzuführen imstande war, mit einer Bereitwilligkeit übernommen, die der preußischen Erhebung von 1813 nicht nachsteht. Die verwöhnten Kinder der französischen Bourgeoisie haben sich mit der rücksichtsvollsten Ergebung dem gleichen Heerdienst gefügt. Unter allem Streit der politischen Parteien um Präsidentschaft und Ministerportefeuilles blieb dort in der leidenschaftlichen Richtung gegen Deutschland alles einig, kein Geldopfer war zu groß, bis es gelungen war, dem an Bevölkerung schwächeren Frankreich eine feldtüchtige Armee zu geben, die nun seit 1889 an Kopfzahl der deutschen um etwas überlegen ist.

Seit 2 Jahrzehnten stehen nun im Osten und Westen Deutschlands schwere Gewitterwolken am Himmel, die durch periodisches Wetterleuchten das verkünden, was hinter ihnen steht. Aber für Deutschland ist diese Situation so sehr zur Gewohnheit geworden, daß man inzwischen, auf den Lorbeeren des deutschen Kriegsruhms ruhend, Zeit zu anderen Bestrebungen gefunden hat. Es erinnert das einigermaßen an die Umwohner des Vesuvs, die bei dem aufsteigenden Rauch und dem unterirdischen Rollen sich nichts mehr zu denken vermögen. Es steigt dabei eine ominöse Reminiszenz auf an die Zeiten vor der Schlacht bei Jena, wo man in Berlin und dem gebildeten Deutschland keine wichtigere Thätigkeit fand, als sich in dem Streit über ästhetische und litterarische Fragen zu erhitzen. Wie muß wohl heute Deutschland dem Außenstehenden, insbesondere den uns feindselig gesinnten Nationen sich darstellen in einem Stadium, in welchem eine in der Weltwirtschaft stetig wiederkehrende Depression unsere gesellschaftlichen Klassen der Reihe nach ergriffen hat: ein „notleidender" Ackerbau (vor allem), ein „notleidendes" Gewerbe, eine „notleidende" Industrie, eine „notleidende" Rhederei, ein „notleidender" Bergbau, eine „notleidende" Arbeiterschaft, ein „hungerndes" Proletariat, ein „notleidendes" gelehrtes Proletariat, — alle im heftigsten Streit mit einander, wer am meisten Not leide, — eine Nation von Notleidern an der Stelle, wo der Außenstehende erwartet hatte, eine Nation zu finden, die in dem erhebenden Bewußtsein einer wiedergewonnenen Einheit und Weltstellung auch unter der Ungunst wirtschaftlicher Verhältnisse doch ein stolzes Bewußtsein dafür bewahrt, „daß wir nun endlich wissen, wie stark wir sind, wenn wir einig sind." Wer sich den Glauben an das Volksgewissen unserer Nation bewahrt hat, wer rückwärts auf ähnliche Perioden eines Niedergangs der öffentlichen Meinung in unserem Vaterland und ihre machtvolle Wiedererhebung blickt, wer in der gewaltigen Bewegung der heutigen Weltwirtschaft weiß, daß große Industriestaaten, namentlich England, in manchem Jahrzehnt ebenso schwere Krisen der Industrie und des Ackerbaus überstanden haben wie wir, wird den Mut nicht verlieren. Aber für den Gang der politischen Ereignisse kommt es nicht darauf an, wie wir sind, sondern wie wir der europäischen Welt erscheinen. Und diese Erscheinung ist die Gefahr, in welcher sich Deutschland zur Zeit befindet.

Der Glaube, daß Deutschland entschlossen ist, seine militärische Überlegenheit auch mit neuen Opfern aufrecht zu erhalten, ist wie bisher die einzige Garantie der Erhaltung des europäischen Friedens.

Diese Gewißheit ist es, die der in ihrem Kern unverändert gebliebenen Nation in das Gewissen gesprochen werden muß.

Bis jetzt steht der Reichskanzler ruhig und fest auf der Vorlage der verbündeten Regierungen, und erfüllt damit nur seine Pflicht. Er vertritt nicht (wie 1862) die einseitige Vorlage eines Kriegsdepartements aus technisch-militärischen Gesichtspunkten, sondern diese Vorlage ist von den verbündeten Regierungen in allseitiger Erwägung der Stellung der europäischen Militärmächte und der auswärtigen politischen Lage, die sie zu beurtheilen an erster Stelle berufen sind, nach allseitiger Beratung im Bundesrat, sowie auch im preußischen Staatsministerium, eingebracht und kann auch nur als solche vom Reichskanzler vertreten werden.

Konzessionen können bei dieser Lage der Sache nur von der Gesellschaft ihren Ausgang nehmen, und wenn das staatlich Notwendige durch Annahme des Regierungsvorschlags geschehen ist, lassen sich innerhalb des Reorganisationsplans einige zulässige Modifikationen erreichen, namentlich

1. eine Erleichterung der Finanzlast, etwa durch eine stufenweise Verteilung der Mehrkosten auf 2 oder 3 Jahre. Die Reorganisation ist mit loyaler Offenheit als fertiger Plan vorgelegt, wie man einen Flottenplan vorlegt, auch wenn dessen Ausführung naturgemäß sich auf mehrere Jahre ausdehnt. So wird auch der hier vorliegende Plan doch nur

in 2- oder 3jähriger Staffel durchführbar sein. Jedermann weiß, daß der erforderliche Mehrbedarf von 2000 Offizieren und 12000 Unteroffizieren doch nicht in einem Jahre zu beschaffen ist, während für die heute bestehende Armee trotz der forcierten Fähnrichspresse und der Unteroffizierschulen noch 1893 ein Manko an Offizieren und Unteroffizieren geblieben ist. Man kann wohl Epaulettes und Tressen zu Tausenden verteilen: aber das für die Zwecke der erweiterten Ausbildung der Mannschaften in 2jährigem Dienst wirklich geschulte Personal wird sich doch wohl erst in 1, 2 oder 3 Jahren heranziehen lassen. Auch die Reorganisation von 1860 hat so ihren Verlauf in mehr als einem Jahre genommen. Man wird daher einer Zeit der finanziellen Defizits wohl das Zugeständnis machen können, daß die Reorganisation zunächst mit der notwendigen Verstärkung der Feldartillerie und der Neubildung der vierten Bataillone so beginnt, daß im ersten Jahre nur eine Mehreinstellung von 40000 Rekruten (oder wieviel) stattfindet, und daß nach den gemachten Erfahrungen die weitere Ausführung im zweiten und dritten Jahre fortgesetzt wird bis zur Erhöhung auf die Maximalzahl von 571000.

2. Ebenso kann man es zwar der Militärverwaltung nicht verdenken, wenn sie die 2jährige Dienstzeit zunächst nur „in der Regel" zugestehen, sich aber vorbehalten will, im Fall des Bedürfnisses den einzelnen Mann auch noch im 3. Jahr bei den Fahnen zu behalten. Allein die deutsche Sinnesweise sieht bei allen solchen Konzessionen immer zuerst nur die Seite, welche dem Einzelnen eine neue Berechtigung verleiht. Der Deutsche erwärmt sich nur für subjektive Rechte. Es wird sich daher fast bei allen Parteien der Wunsch zeigen, die 2jährige Dienstzeit gesetzlich zugesichert zu sehen. Wenn man etwa Mannschaften wegen mangelhafter Führung oder mangelhafter Ausbildung ein drittes Jahr zurückbehalten will, so werden gerade diese Dreijährigen zur Konsistenz und Hebung der Truppe wenig beitragen. Die schon 1862 ausgesprochene Meinung, daß 40000 gute Unteroffiziere mehr wert sind als 40000 weniger tüchtige Mann-

schaften des dritten Jahrgangs (vergl. oben S. 76) wird sich auch von militärischer Seite wahrscheinlich bewähren. Die Militärverwaltung wird dann aber eine höhere Geldsumme beanspruchen müssen, um durch Kapitulanten- und Unteroffizierprämien die geeigneten Leute im dritten Jahrgang zurückzubehalten.

3. Rücksichtlich der Deckungsmittel werden die verbündeten Regierungen wohl Konzessionen machen können, auf die ich am Schlusse zurückkomme.

In dieser Weise werden hoffentlich die bei allen Heeresvorlagen bisher üblichen Kompromisse wiederum zustande kommen.

Sollte jeder Appell an den patriotischen Sinn sich als vergeblich erweisen, so bliebe den verbündeten Regierungen die Möglichkeit einer Auflösung des Reichstags und einer Ausschreibung von Neuwahlen auf das Programm der Militärvorlage von 1892.

Die negierende Opposition verkündet zwar, daß sie einer solchen Auflösung getrost entgegensehe. Allein dies Vertrauen dürfte sich ebenso wie 1866 und 1887 als trügerisch erweisen. Es ist leicht möglich, die großen Wählermassen bei dem allgemeinen gleichen Stimmrecht für augenscheinliche Demonstrationen mit teuerem Brot und Verteuerung aller Lebensmittel für die Opposition zu gewinnen. Aber mit dem Argument der „Unerschwinglichkeit" der Militärlasten verhält es sich doch anders. Diese „Unerschwinglichkeit", mit der, soviel ich sehe, alle Verhandlungen in den alten Reichstagen und in den alten Landständen begonnen haben, (ich kann mich kaum einer Ausnahme erinnern,) gingen stets nur von den besitzenden Klassen aus. Die alte Reichsritterschaft erklärte sich trotz der Hussitennot nur bereit, mit „Schwendung ihres Bluts" dem Reich zu dienen, aber nicht mit Steuern. Die märkische Ritterschaft fand bei Ausbruch des 30jährigen Krieges zwei Tonnen Gold „unerschwinglich". (Aber ein halbes Menschenalter später hatten die Wallensteiner schon 200 Tonnen Gold aus der Mark geholt). Für das allgemeine Stimmrecht der kleinen Steuerzahler und der steuerfreien Männer versagt das sonst wirksamste aller Wahlargumente. Ob sich in Zukunft durch die erweiterte Heeresmacht Deutschlands die durchschnittliche Steuerlast um 1 oder 1½ Mk. auf den Kopf erhöht, macht in diesen Kreisen keinen durchschlagenden Eindruck, weil sie wohl wissen, daß im heutigen Steuersystem die Hauptlast von Anderen getragen wird. Sicherlich würde aber die negierende Opposition noch einmal die Erfahrung machen, daß das Nationalgefühl und das nationale Gewissen in Deutschland wie in Frankreich in den Massen lebendiger ist als in manchen Schichten der sogenannten besseren Klassen. Und selbst der Sozialdemokratie kann es leicht widerfahren, daß ihre Anhänger doch wieder nach der Seite abschwenken, „wo Preußens Fahnen wehen". Nicht zu gedenken des gewaltigen Einflusses, den bei solcher Wahl die Hunderttausende üben werden, die in den Feldzügen von 1866, 1870/71 mit ihrem Leben für die Einheit und Größe des Vaterlandes eingetreten sind. — Vor Allem ist für die Massen der Erlaß eines Dienstjahres durchschlagend sans phrase, und ebenso unzweifelhaft wird sich in den Anwohnern der westlichen und östlichen Reichsgrenzen ein Bewußtsein dessen regen, was ihnen zunächst bevorsteht, wenn unsere Volksvertretungen fortfahren, die Sicherheit des Reichs in der Manier des alten deutschen Reichstags zu behandeln.

Die Reichsregierung könnte also den Ausgang der Neuwahlen zum Reichstag im Vertrauen auf das nationale Gewissen wohl wagen, wenn es sich nur um unsere Verhältnisse handelte. Allein wir haben von dieser Seite aus sehr ernste Erfahrungen mit der unberechenbaren Leidenschaft unserer westlichen Nachbarn gemacht!

Im Jahre 1870 lebte in der französischen Nation die seltsame Idee von einer Revanche für Sadowa, wo Preußen ohne ihre Erlaubnis gesiegt hatte. Die Idee dieser Revanche traf zusammen mit sehr unverbürgten Nachrichten, daß Bayern und die süddeutschen Bevölkerungen nur auf das altverbündete Frankreich warteten, um die verhaßte preußische Vorherrschaft abzuwerfen. Der verblendeten Leidenschaft genügte der Schein einer deutschen

Uneinigkeit und die geringfügigste vermeintliche Provokation, um in ungeeigneter Stunde loszuschlagen, während die zugesagten Hilfstruppen erst im September ausrücken sollten.

Der heutige Revanchegedanke hat einen tieferen Grund in der Erinnerung an Sedan, an die Demütigung von Paris, die unerhörten Niederlagen ihrer „ruhmgekrönten" Armee und zum Teil auch an den Verlust wertvoller Provinzen. Alle Parteien, trotz endloser innerer Fehde, bekennen sich einig, unerschütterlich in dieser Richtung, bereit zu jedem Opfer der Gegenwart und der Zukunft. Und welche Erscheinung bietet dieser Gegnerschaft das heutige deutsche Reich dar? Die Gesellschaft zerklüftet in einen Streit aller Klassen gegen alle Klassen, die kirchlichen Gegensätze in unerschöpflichem Hader miteinander, die alten Phrasen vom preußischen Militarismus im Süden wieder lebendig. Hier bedarf es keiner unzuverlässigen Spione, um die Schwächen des Gegners zu erkunden. Es bedarf nur einer Auslese aus den Reden des deutschen Reichstags und des Landtags, einer Auslese aus der Tagespresse und aus den Reden der Volksversammlungen, um mit sehr viel besseren Gründen als 1870 den Glauben zu erwecken, daß die seit zwei Jahrzehnten ersehnte Stunde jetzt wirklich gekommen ist. Aus dem Zusammenhang gerissene Äußerungen berufener Organe lassen sich sehr wohl anführen, welche auch die Meinung von der heutigen Überlegenheit des französischen Heeres an Zahl und Schulung nur bestätigen. Das sind doch unzweifelhaft bessere Gründe zum Losschlagen als 1870! Und ihr Gegengewicht bildet heute nur die Erinnerung an die Schärfe der deutschen Waffen. Gewiß sind die besitzenden Klassen Frankreichs, seitdem sie persönlich die Wehrpflicht leisten, weniger kriegerisch gestimmt als unter dem Stellvertretungssystem. Aber die heutige republikanische Regierung ist bedroht von revolutionären Bewegungen. Mögen diese Bewegungen einen konservativen oder einen blutigen Auslauf nehmen: gerade in solchen Krisen ist Frankreich stets zu Kriegserklärungen geneigt, da alle Parteien eine Lösung im Kampfe nach außen suchen, und die passiven Elemente der Gesellschaft sich stets von den extremen fortreißen lassen. Paris ist keine Woche sicher vor einem solchen Ausbruch, so wie wir das Temperament dieser Nation seit 100 Jahren kennen. „Paris tanzt auf einem Vesuv", — aber wir schlafen darauf.

Wie aber, wenn dieser durch unsere Scheinschwäche und Scheinzerfahrenheit verschuldete Ausbruch wirklich erfolgt? Wen trifft die furchtbare Verantwortlichkeit für den tragischen Ausgang? Ich will nicht an die Berechnungen Schäffles erinnern über die materiellen Schäden eines solchen durch den Rassenhaß verschärften Krieges. Die 15 Milliarden Geldwerte, welche Schäffle für jeden kriegführenden Teil berechnet, werden wohl ungefähr so genau oder so ungenau zutreffen, wie die Berechnungen der künftigen Mehrkosten der Militärvorlage von 1892 in der jetzigen Militärkommission angestellt sind. Kein denkender Politiker wird aber auch zweifeln, daß beim Ausbruch dieses Krieges Rußland durch den Nationalfanatismus des Slaventums zum Losschlagen gezwungen sein wird, und daß die Kriegsfurie sich über die mitteleuropäische Welt ausdehnen wird mit ihren furchtbaren Verlusten an Menschenleben infolge des heutigen Bewaffnungssystems, mit ihren Verwüstungen ganzer Landschaften, mit ihren Jahrzehnte lang fühlbaren Folgen für die Zersetzung der heutigen Gesellschaft, insbesondere auf Kosten der Mittelstände. Unsere Gewöhnung an die alltäglichen Kombinationen über die Wahrscheinlichkeit oder Unwahrscheinlichkeit des Ausbruchs eines europäischen Kampfes hat die öffentliche Meinung abgestumpft: aber keine politische Schönrednerei entzieht sich auch heute einem unheimlichen Gefühl und dem nicht abzuweisenden Gedanken, daß ein ewiger Fluch alle Parteien verfolgen würde, die durch Fraktionsgeist und Kleinmeisterei unsägliches und unheilbares Unglück über ihr Vaterland gebracht haben. Das Volksgewissen erwacht in sozial zerrissenen Zeiten nicht sogleich, aber es ist doch schon heute von Woche zu Woche erkennbar, daß ein Bewußtsein der Verantwortlichkeit sich zu regen beginnt. Es besteht sonst bei uns eine unwiderstehliche Versuchung, Geldbewilligungen mit Bedingungen zu belasten. An dieser Stelle die Existenzfrage des Reichs von einer Ausbedingung wirtschaftlicher Vorteile oder einer Fraktions-spezialität abhängig zu machen, wäre geradezu ehrlos. Daß ein solcher Versuch sich nicht herauswagt, beweist doch wohl, daß das Gewissen der Nation noch lebt.

Wir hören aus dem Westen und Süden nicht selten die Klage laut werden, daß mit dem Ausscheiden des Fürsten-Reichs-kanzlers aus der Leitung des Reichs die Nation ihren Leitstern verloren habe. Auf diese Klage ist nur zu erwidern, daß keine Nation einen Anspruch darauf erheben darf, in einem Menschen-alter ein Triumvirat wie Kaiser Wilhelm, Bismarck und Moltke als die Leiter ihrer Geschicke zu besitzen, daß die heutige deutsche Nation so weit erwachsen und reif ist, um nunmehr die Verant-wortlichkeit für ihr Thun und Unterlassen auf sich selbst zu nehmen, und diese Selbstverantwortlichkeit trifft alle Parteien für ihr Thun und Unterlassen in gleichem Maße nach Lage der Verhältnisse. Diese Lage steht aber vor aller Augen und bleibt unabänderlich die oben bezeichnete. In unserer gesellschaftlich zerklüfteten, politisch ziellosen Situation ist kein Platz für einen Staatsmann höchsten Styls, wohl aber für ein pflichttreues Beamtentum nach preußischer Tradition zur Erfüllung der Auf-gabe, unter den streitenden Interessen Sonne und Wind gleich zu verteilen, die Parlamentsparteien nicht sowohl gegen einander auszuspielen, als der heiligen Pflicht der Monarchie entsprechend allen Parteien in der Erfüllung der gemeinsamen Pflichten gegen das Vaterland voranzugehen. Eine heroische Epoche ist für Deutschland nun einmal wieder vorüber, wie nach den Freiheits-kriegen: aber in dem Alltagsleben der Nation bleibt die Pflicht-treue und Ausdauer die maßgebende Eigenschaft. „Teutschland will auf Teutsch regiert werden", sagt der alte Moser, und er meint damit auch, daß die deutschen Regierungen mit ihren Landständen immer am weitesten gekommen sind in gütlicher, ge-duldiger Verhandlung und Appellation an ihren Patriotismus.

Es bleibt also dabei: Der Friede Europas ist nur gesichert, solange unsere Nachbarn wissen, daß Deutschland entschlossen ist, seine militärische Überlegenheit auch mit neuen Opfern aufrecht zu erhalten. Sollte wirklich im Laufe unserer Verhandlungen das deutsche Volksgewissen sich über diese Wahrheit nicht so schnell ins Klare kommen, so ist es, glaube ich, der Beruf der verbündeten Regierungen, auf ihrem Posten zu verharren. Es ist unrichtig, wenn man sagt, bei einer Ablehnung der Militärvorlage bleibe dem Reichskanzler nur die Wahl, entweder zurückzutreten oder zur Parlamentsauflösung zu schreiten. Es gehört das zu den Legenden, die sich aus der Anschauung fremder Zustände bilden. In unserem Parlamentswesen ist keine gesellschaftliche Klasse und keine Partei imstande, eine verantwortliche Regierung zu übernehmen, und solange dieser Zustand dauert, muß eben die Autorität der Monarchie diese Verantwortlichkeit tragen. Die jetzige Reichsregierung hat sie übernommen nach bestem Wissen und Gewissen, sie vertritt die für die heutige Situation notwendigen Vorlagen mit der Ausdauer und Geduld, welche die schwere Lage des Reichs erfordert. Sie wird auch diesem Standpunkt nicht untreu werden in dem unerwarteten Fall, daß ihre Vorlage in der dritten Lesung sich ungenügend gestalten sollte. Sie wird auch dann die Haltung zu bewahren imstande sein, die geeignet ist, dem Ausland nicht das Bild eines Bruchs zwischen Staatsregierung und Reichsvertretung darzubieten, welches nach menschlicher Wahrscheinlichkeitsrechnung eben nur das Signal zum Ausbruch des Krieges sein würde.

Bei dieser Sachlage erscheint es gerade wünschenswert, daß die Verhandlungen über die Militärvorlage sich einigermaßen in die Länge ziehen, und den Abgeordneten womöglich auch die Gelegenheit gegeben wird, sich in ihren Wahlkreisen über ihre Verantwortlichkeit zu orientieren. Die öffentliche Meinung in einer bedächtigen Nation bewegt sich immer etwas langsam, namentlich in einer sozial gespaltenen Gesellschaft. Aber sie bewegt sich, und wer den Glauben an unsere Nation sich bewahrt hat, wird dieser Bewegung vertrauen. Sollte daher wider alles Erwarten die dritte Lesung noch ungenügende Beschlüße ergeben, so werden die verbündeten Regierungen es nicht verschmähen, die Vorlage ad emendandum zurückzugeben und weiter zu verhandeln, insbesondere aber durch kaiserliche Botschaft den Reichstag und das Reich an ihre Verantwortlichkeit ernstlich zu mahnen.

Das Vertrauen auf das durchdringende Bewußtsein der heutigen Lage beruht schließlich auf einem Credo, das sich derjenige bewahrt, der sich den Glauben an den Rechtssinn und die Vaterlandsliebe unserer Nation im Laufe von zwei Menschenaltern erhalten hat.

Ich spreche absichtlich zuletzt von den Deckungsmitteln. Die englische parlamentarische Maxime: erst über die notwendigen Ausgaben zu beschließen und dann über die zu ermittelnde Deckung, ist gewiß die geeignete, wo das Notwendige in der Abwehr einer imminenten Gefahr des Vaterlandes, in der Existenzfrage des Reichs besteht. Ob die gesuchten Deckungsmittel die einzig möglichen, ob es gerade die besten sind, kann man bestreiten. Unzweifelhaft wird auch der Streit, der alle neuen Steuervorlagen begleitet, hier wiederkehren. Der energische Widerstand der Bierwirte und der noch zahlreichere Widerstand ihrer Gäste wird sich auch hier in erneuter Kraft bewähren. Sollten aber die neuen Steuern wirklich ganz oder zum Teil abgelehnt werden, so ist das Reich durch seine Matrikularbeiträge gedeckt. Und sollte bei dem augenblicklich vorhandenen Defizit in dem Landeshaushalt Preußens und anderer Staaten die Erhöhung der Matrikularbeiträge für dies Jahr inopportun erscheinen, so wüßte ich nicht, welches Bedenken eine Reichsanleihe für diesen Zweck haben könnte. Und wenn der ganze Mehrbedarf für die 5jährige Frist des Gesetzes durch Anleihen zu decken wäre, so wäre das Endresultat doch nur, daß von der Fünf Milliarden-Zahlung Frankreichs Deutschland 8—10% geopfert hätte zur Aufrechthaltung seiner Stellung. Frankreich hat zu diesem Zweck ganz andere Anleihen gemacht. Gerade diese Eventualität wird uns aber wiederholt zu ernster Erwägung nötigen, ob nicht schon die gegenwärtige Generation diese Pflicht zu erfüllen hat.

Allerdings bleibt schließlich ein schwerwiegendes Argument zu beantworten, welches ich bisher nicht beantwortet habe. Soll Deutschland eine solche Kriegslast, welche noch über das hinausgeht, was Preußen einst als schwerempfundene Vorlast getragen hat, in ewige Zeiten übernehmen? Oder wenigstens auf ein halbes Jahrhundert, wie einst Graf Moltke angedeutet hatte? Ich glaube Nein! Denn dieselben Eigenschaften unserer Nachbarn, welche diese Lage herbeigeführt haben, werden ihr endlich auch ein Ende bereiten. Hat Frankreich, auf welches es vorzugsweise ankommt, die unzweifelhafte Gewißheit, daß Deutschland entschlossen ist, seine überlegene Wehrkraft aufrecht zu erhalten, sich weder durch die Zahl noch durch die Qualität der Heeresmassen überflügeln, noch durch die Vaterlandsliebe seiner Nachbarn beschämen zu lassen, so ist das Heilmittel für gallischen Chauvinismus und Rachedurst gefunden. Weiß Frankreich, daß es uns nicht zu überflügeln vermag, so wird es die Rachegelüste stillschweigend einschlafen lassen. Überbieten in seinen kriegerischen Allüren kann es sich selbst nicht mehr, seine Menschenzahl reicht nicht weiter, seine Geldmittel sind nicht unerschöpflich. Die unnatürlich gespannte Lage dieses bewaffneten Friedens empfindet Frankreich so stark wie wir, ja stärker als wir, weil seine besitzenden Klassen an persönliche Beschwerden des Dienstes viel weniger gewöhnt sind als die unsrigen. Der militärische Eifer der „besseren Klassen" wird daher früher ermüden als die guten deutschen Gewöhnungen, ja weniger ausdauernd sich erweisen als die Freude der englischen volunteers. An Ausdauer in der Erfüllung öffentlicher Pflichten ist der germanische dem romanischen und gallischen Nationalcharakter überlegen, so lange wir beide kennen. Die politische Erinnerungskraft der Nation reicht dort nicht leicht über ein Menschenalter hinaus. Bis zum fin du siècle wird die hochbegabte Nation noch manchen Lorbeer erwerben durch umfangreiche koloniale Eroberungen, durch glänzende Flotten- und Heerrevuen, durch neue Wunder einer Weltausstellung, durch die wiederkehrende Anerkennung ihrer unvergeßlichen Verdienste um den geistigen Fortschritt und die Civilisation der europäischen Welt. Es wird dann eine Epoche wiederkehren wie im 18. Jahrhundert, wo Frankreich seinen Ruhm und seine Hegemonie in den Künsten des Friedens gesucht hat. Es bedarf unsererseits nur der Fortdauer einer achtungsvollen Zurückhaltung.

Alle Grundneigungen der industriellen Gesellschaft gehen auf Abrüstung. Deutschland ist jedoch durch seine geographische und politische Lage gezwungen, darin zu folgen, aber nicht voranzugehen. Ist Frankreich vorangegangen, so wird keine Reichsregierung stark genug sein, einer solchen Richtung in Deutschland Halt zu gebieten, und die militärische Technik wird die zulässigen Mittel und Wege dafür zu finden wissen, wenn auch mit Aufrechterhaltung der allgemeinen Wehrpflicht. Ich spreche nur vom Westen. Denn daß wir von den Kosaken des Ostens und von dem panslavistischen Bestreben für unsere „verrottete Kulturwelt des Westens" eine verjüngte slavische Kultur nicht zu fürchten brauchen, dafür bürgt uns das Bewußtsein unseres historischen Berufs und das Bewußtsein unserer Macht, sobald wir einig sind. Und wir werden einig sein, wenn die endlosen Konflikte der sozialen Interessen ihren Kreislauf vollendet haben, und damit die Notwendigkeit der Ausgleichung durch gegenseitiges Nachgeben evident wird und die heutige Gesellschaft sich wieder zusammenfindet in der Erfüllung ihrer Pflichten gegen das Vaterland.

---

[1]) Es kann hier nur in den leichtesten Zügen ein Thema eingeleitet werden, welches in umfassende rechtsphilosophische Systeme und umfangreiche akademische Vorlesungen ausläuft. Einige Seiten der nachfolgenden Darstellung sind schon erörtert in Gneist, der Rechtsstaat. 2. Aufl. 1879. Ich läugne nicht, daß ich beim Aufenthalt in den entferntesten Regionen der Goldgräber eine Erfahrung Bret Harte's überraschend bestätigt fand: wie in dem verwilderten Treiben jener Menschen der angeborne Familiensinn in rührender Weise durchschlägt. Wie in dem gewaltthätigen Raufen aus Mord, Rache und Gegenrache zuerst wieder die primitiven Institute der Friedensbewahrung (Polizei) entstehen, sowie eine autonome Strafjustiz. Wie wunderbar rasch der eingeborne Gottesglaube wieder an die Errichtung einer Kapelle denkt, die freilich Anfangs in eigentümlicher Reihenfolge mit Bierhäusern und Operahouses dasteht. Wer in unserer pessimistisch und naturalistisch verschrobenen Zeit den

Glauben an die sittliche Natur des Menschen verloren hat, kann ihn vielleicht in dem verrohten Treiben des fernen Westens unerwartet wiederfinden. Auch der kategorische Imperativ Kants ist in der heutigen denkenden Welt doch wieder zu Ehren gekommen. Auch die Sozialdemokratie wird samt und sonders durch schwere Schicksalsschläge zum Gottesglauben zurückkehren und erkennen, daß der Gottesglaube das einzig Wesentliche ist, was den Menschen vom Tiere scheidet.

²) Ich wiederhole: das alte Gewohnheitsrecht hat sich empirisch gebildet, indem in dem gewaltsamen Zusammenstoß der Privatrechtskreise unter sich der sittlich-religiöse Geist der Nation allmählich die Ausgleichung gefunden hat, in welcher der freie Wille des Einzelnen sich so weit selbst beschränken muß, daß damit die Freiheit seiner Volksgenossen bestehen kann. Ebenso entstehen die anerkannten öffentlich-rechtlichen Grundsätze, die wir als Niederschlag in den Grundgesetzen der Nation wiederfinden, aus Konflikten auf dem Gebiet der Staatsgewalt, in denen sich Parteien scheinbar unversöhnlich, oft mehr als ein Menschenalter hindurch, gegenüberstehen, in denen aber tüchtige Nationen schließlich eine Ausgleichung finden in einem höheren Dritten. Unsere Einsicht in das Wesen der Gesellschaft bedarf noch der fortschreitenden Würdigung der stetigen Wechselwirkung zwischen Staat und Gesellschaft, durch welche die öffentliche Rechtsbildung ihre von der Privatrechtsmethode abweichende Gestalt erhält. Nur bedeutet dies nicht eine Umkehr der Wissenschaft nach Stahl, sondern einen Fortschritt der Wissenschaft, zu welchem hier ein Beitrag gegeben werden soll.

³) Nur in einem Gebiet ist die Grenze in England scharf gezogen. Die gesetzlich anerkannte, zur Landesverteidigung bestimmte, auf persönlicher Wehrpflicht beruhende Militia ist gesetzlich festgelegt, in Präsenzstärke, Kadres und Formation genau festgestellt. Die von Jakob II. dagegen gebildete Soldarmee soll nur als Ausnahmsinstitution zum Colonialdienst und „zur Aufrechterhaltung des Europäischen Gleichgewichts" dienend einer besonderen jährlichen Gestaltung bedürfen und wird lediglich als Gegenstand der jährlich wiederkehrenden Ausgabebewilligungen, also als reine Budgetfrage angesehen. Es ist geradezu widersinnig, dies letztere Verhältnis als ein normales Recht parlamentarischer Verfassung anzusehen. Warum dies dennoch in Deutschland auf länger als ein Menschenalter vorherrschende Meinung der gebildeten Klassen geworden ist, wird sich alsbald ergeben. (Abschnitt III.)

⁴) Ich habe in der besonderen Schrift: Gesetz und Budget 1879, Abschn. IV, alles zusammengestellt, was über die Frage damals aus englischen Schriften mir zugänglich war. Von der ganzen Reihe unserer deutschen Ausführungen über Budgetrecht ist dort kein Anklang zu finden, da unseren deutschen Darstellern der privatrechtliche Gedankengang von einem Mandat und einer Überschreitung der Vollmacht vorschwebt, während die englischen Auffassungen von dem Standpunkt der bindenden Kraft der Gesetze ausgehen, und daher eine Pflicht der Minister zur Ausführung der Staatsgesetze und zur Fortführung der gesetzmäßigen Landesverwaltung

als selbstverständlich voraussetzen. Die einzelnen Geldbeschlüsse des Unterhauses gelten daher auch vor Erlaß der Appropriationsakte bereits als Anerkenntnisse der Rechtmäßigkeit und Angemessenheit einer Staatsausgabe, auf welche die Minister jeder Zeit schon Geldkredite erhielten. Daß es nicht leicht sein wird, unsere Juristenwelt von der Unzulässigkeit jener privatrechtlichen Analogien zu überzeugen, ergiebt sich aus dem Vorgang des Besitzrechts, in welchem unsere Juristen mehr als zwei Menschenalter nötig gehabt haben, um aus dem privatrechtlichen Ideengang zu der Anerkennung zu gelangen, daß es ein Stück Verwaltungsrecht (Polizeirecht) ist, also ganz anders gebaut, als die selbständigen Privatrechte. Noch schwerer ist es, die öffentliche Meinung von dem Irrtum zurückzubringen, daß die Budgetverweigerungen ein konstitutionelles Rechtsinstitut seien. Die Wahrheit, daß man durch Versagung notwendiger Geldmittel seinen Willen durchsetzen kann, ist dem gemeinen Mann so verständlich, daß sie geradezu gemeingefährlich wirkt, und in den Beschlüssen unserer Gemeindevertretungen vielhundertfältig von Jahr zu Jahr gesetzwidrige Beschlüsse erzeugt. Gerade auf diesem Gebiet gelangen die Rechtsvorstellungen erst durch starke Konflikte hindurch zur notwendigen Selbstbeschränkung.

[5]) Dies scheinbare Versteckspielen der beiden Seiten und die Unklarheit der beiden Standpunkte bis tief in die Verhandlungen des deutschen Reichstags hinein ist gut geschildert in Dr. Hugo Preuß, Friedenspräsenz und Reichsverfassung, Berlin 1887. Die fortdauernden Widersprüche unter den deutschen Juristen sowohl über den Unterschied von Gesetz und Verordnung wie über die Natur des Staatshaushaltsetats werden sich aber überhaupt nicht in der aus dem Privatrecht gewohnten Weise der Argumentation lösen lassen, sondern nur aus der Wechselwirkung, in welche der Staat mit der in stetiger Bewegung befindlichen Gesellschaft tritt, und aus der Entstehung der öffentlich-rechtlichen Normen aus den Konflikten dieser Bewegung. Es wird später auch in der von Preuß eingehend erörterten Verhandlung des deutschen Reichstags hervortreten, daß der eigentliche Grund der Unklarheit in der noch immer festgehaltenen Idee von dem unbeschränkten Geldbewilligungsrecht der Volksvertretung lag.

[6]) Ich will an dieser Stelle nur an ein Beispiel erinnern, wie aus der Departementsinterpretation auch in der Civilverwaltung tiefgehende Widersprüche mit den Landesgesetzen entstanden sind. Das preußische Landrecht kennt nur weltliche Gemeindeschulen, in denen aber nach Fassung der Gesetze die „möglichste Rücksicht" auf die Verhältnisse der beiden großen Religionsteile genommen werden soll. Als nach 1815 aber die Ansprüche der römischen und der lutherischen Kirche auf die Direktion der Volksschule wieder auflebten, einigten sich die theologisch und die pädagogisch gerichteten Räte der Zentralbehörde dahin, die kirchlichen Begriffe einer konfessionellen Schule, paritätischen Schule, Simultanschule 2c. 2c. in die Verwaltung einzuführen, die dem Landesgesetz völlig fremd, den Zwecken der Landesgesetzgebung widersprechend, die Quelle unerfüllbarer kirchlicher

Ansprüche wurden. Wenn man weiß, wie schwer unsere Verwaltungsbeamten sich von den liebgewordenen Ausdrücken und Auffassungen trennen, so wird man den berufsmäßigen Militärs keinen allzu schweren Vorwurf machen können aus ihrer zuversichtlichen Interpretation von Landesgesetzen. Hier wie dort gilt das Wort e vinculis ratiocinantur. Dem Kriegsminister konnte ich sogar im Scherz sein römisches Privilegium vorhalten: miles jus ignorare praesumitur.

[7]) Ich bin bei einer Reihe wichtiger staatsrechtlicher Fragen im Landtag wie im Reichstag zu der Ehrenstellung des Berichterstatters berufen gewesen und konnte in solcher Kommissionsansichten vertreten, mit denen meine davon abweichenden persönlichen Ansichten in diesem Zusammenhange nicht in Widerspruch kamen. Bei der Budgetdebatte zu Art. 99 der Verf.-Urk. stand ich einem alten Freund und Kollegen gegenüber, Ministerialrat Wollny, der in Berlin unter den Praktikern für den besten Juristen galt. Er kannte meine persönliche Ansicht, welche die Geldbewilligung den Gesetzen unterordnet, ich kannte die seinige, von der seines Chefs abweichende. Wir hatten beide eine gebundene Marschroute, und jeder Parlamentskundige weiß, wie streng der Berichterstatter von der widersprechenden Seite überwacht wird, wenn er in Versuchung kommt, eine persönliche, statt einer Kommissionsansicht zu vertreten. Ich bin dadurch veranlaßt worden, wenn ich durch die Referentenstellung beengt war, bei nächster Gelegenheit meine persönliche Auffassung als Schriftsteller auszusprechen. Daraus entstand im September 1862 meine Denkschrift in der Militärfrage, gegen den Schluß des konstituierenden Reichstags die kleine Schrift: Budget und Gesetz, beim Wiederausbruch staatsrechtlicher Differenzen im Landtag die Schrift: Gesetz und Budget, 1879.

[8]) Gegenüber den aus dem industriereichen Westen sich geltend machenden Stimmen, daß die Schwärmerei für die Landwehr eine gar unpraktische Eigentümlichkeit des Ostens sei, habe ich eine Erklärung abgegeben, die später bei den Streitfragen über die neue Kreisordnung abgedruckt ist: „Die Besonderheiten der östlichen Provinzen beruhen zunächst auf ihrer relativen Armut und auf der überlangen Conservierung des Patrimonialstaates in völliger Trennung von den durch ihr Verwaltungs- und Steuersystem geschiedenen Städten. Die alte Abneigung unserer Landsleute aus dem „Reiche" hat unsere Armut sogar zum Stichwort gemacht — welches wir annehmen, etwa in dem Sinne, wie der kulturstolze Grieche den Macedonier mit ähnlichen Schmeichelnamen belegte bis zur Gründung des Reiches Alexanders des Großen. Unser Westen gleicht dem Sohne einer reichen Familie, welcher zuweilen auf den minder begünstigten Kameraden, dem seine Lebenswege weniger leicht geebnet worden sind, etwas zu hoch herabsieht. Von der Natur hochbegünstigt, steht uns der Westen gegenüber mit allen Vorzügen eines alten Kulturlandes, eines größeren Wohlstandes, einer früheren Entwicklung der industriellen Gesellschaft und ihrer Civilisation; während der Osten durch seine relative Armut genötigt war, die Persönlichkeit im Dienste des

Staates einzusetzen, durch die persönliche Kraft und Mühewaltung zu ersetzen, was ihm an Glücksgütern zur Erleichterung und Verschönerung des Lebens versagt war."

9) Ich hatte im Verlauf der Rede an die Gewissenhaftigkeit des Kriegsministers als religiösen Mannes appelliert, und gesagt, wenn die Armeereform das Kainszeichen eines Verfassungsbruches an sich trüge, könne sie nicht zu einer dauernden Institution des Landes werden. — Auf den heftigen persönlichen Ausfall des Kriegsministers habe ich dann ausdrücklich wiederholt, daß ich gesagt habe, *wenn* die Armee nur durch einen Verfassungsbruch zu dieser Gestalt gelangen würde, so könne sie nicht dauernde Institution werden. Später habe ich in einer Wahlrede wohl nicht mit Unrecht sagen können, daß jeder evangelische Hofprediger und jeder katholische Bischof als gewissenhafter Geistlicher seinem König nur dasselbe hätte sagen können. — Ich hielt es für meine Pflicht, durch eine Erklärung meinerseits eine Wiederholung des Konflikts über die Befugnisse des Präsidenten von 1863 zu verhüten.

10) Ein Beweis von der recht mangelhaften Übersicht der Verhältnisse in der Tagespresse ist es sicherlich, daß jene Wendung der Debatte wohl hundertmal wiederholt wurde, wenn ich etwas gesagt hatte, was den Herren zur Zeit nicht bequem war. Wer jenen Hergang im Zusammenhang kannte, würde sich sicherlich nicht auf das Zeugnis des Kriegsministers von Roon berufen haben.

11) Während sich unsere Rechtsgelehrten über die Natur eines Staatshaushalts ob eines „formellen" oder eines „materiellen" Gesetzes so schwer einigen, habe ich gefunden, daß in parlamentarischen Kreisen folgende Darlegung leichter verstanden wird: Das Staatshaushaltsgesetz ist ein *ergänzendes Gesetz*, welches in zahllosen Titeln und Kapiteln gesonderte Abschnitte bildet. Nun scheide man die verschiedenen Dienstzweige der Staatsverwaltung und stelle in jedem Gebiet die Gesetze voran und lasse dann die Verordnungen, Reglements und Instruktionen folgen, den Schluß macht dann immer ein Abschnitt des Staatshaushaltsgesetzes, also beispielsweise:

1. bei den *Einnahmen*, Domänengebiet: — hier folgt am Schluß der vorhandenen Normen der Zusatz aus dem Etatsgesetz:

   die Behörden werden für das Jahr 1894 angewiesen, einen Betrag von 000 000 Mk. (wenn thunlich) aufzubringen. 2c.

2. bei den *Ausgaben*, Reichsgericht: zuerst die Verfassungs- und gesetzlichen Normen, dann die Reglements 2c., dann aus dem Etatsgesetz:

   Zur Ausführung dieser Grundsätze werden für das Jahr 1894 dem Reichskanzler zur Disposition gestellt 000 000 Mk.

Wenn man das Etatsgesetz in dieser Weise auflöst, so kommt zum Vorschein, daß durch diese Jahresanweisung zwar einseitige Verordnungen und Reglements für ein Jahr abgeändert werden können, daß man aber dauernde, durch verfassungsmäßige Gesetze festgestellte Normen nicht durch eine Geldanweisung auf ein Jahr abändern kann, und daß es unmöglich die Meinung eines Gesetzgebers sein kann, seine verfassungsmäßigen, dauernd gemeinten Rechtsnormen durch jährliche Geldanweisungen bald so, bald so umzugestalten. Der endlose Streit der Juristen dürfte nur darauf beruhen, daß man sich in diesen Kreisen noch nicht genügend überzeugt hat, daß bei den Normen des öffentlichen Rechts die Zweckbestimmung eine ganz andere Bedeutung hat, als bei den Privatrechtsnormen.

[12]) Ich habe mir nie herausgenommen, unserm großen Staatsmann eine Vorhaltung darüber zu machen, daß er in seiner berühmten Lückentheorie den Ausdruck tabula rasa nicht korrekt gebraucht. Er teilt die dabei obwaltende Irrung nur mit unseren Berufsjuristen, und diese einseitige Auffassung ist national. Wir können uns auch im öffentlichen Recht und Rechtsschutz immer nur subjektiv selbständige Rechte nach der Weise der Privatrechte denken. Daher wollten die Juristen auch der Verwaltungsrechtsprechung durchaus das Merkmal der Verletzung eines subjektiven Rechts anheften, ohne welche sie überhaupt keine Rechtsprechung zu denken vermögen. Wie viele Menschenalter hat es gedauert, ehe wir uns zu überzeugen anfangen, daß der Besitz kein dem Eigentum oder der Schuldforderung zu koordinierendes Privatrecht ist, sondern nur eine subjektive Seite an einem öffentlich-rechtlichen Polizeigebot! Die zusammenhängende Grundauffassung vom öffentlichen Recht entwickelt sich anscheinend erst aus den Konflikten und Präzedenzen zwischen Staatsregierung und Parlament. Als diese sich übersichtlich entwickelt hatten, fand sich in England ein Blackstone, in Amerika ein Kent. Als in Deutschland die Konflikte und Präzedenzfälle zwischen Reichsregierung und Reichstag, zwischen den Landesregierungen und ihren Landständen sich zu einer erschöpfenden Übersicht gestaltet hatten, fand sich in Deutschland ein Pütter (leider zu spät). Auch bei uns wird sich das öffentliche Recht aus der fortgesetzten Praxis der Reichs- und Landtage entwickeln, während die Präzedenzfälle und die Methode des Privatrechts dafür nicht ausreichen können. — Eine recht gute Übersicht über die unklaren, jedenfalls mehrdeutigen Beschlüsse der Reichsgesetzgebung über die Heeresverfassung giebt die schon oben angezogene Schrift von H. Preuß, Die Friedenspräsenz 1886.

Druck von G. Bernstein in Berlin.

GPSR Compliance

The European Union's (EU) General Product Safety Regulation (GPSR) is a set of rules that requires consumer products to be safe and our obligations to ensure this.

If you have any concerns about our products, you can contact us on ProductSafety@springernature.com

In case Publisher is established outside the EU, the EU authorized representative is:

Springer Nature Customer Service Center GmbH
Europaplatz 3
69115 Heidelberg, Germany

Batch number: 10844675

Printed by Printforce, the Netherlands